「これでいい」と心から思える生き方

野口嘉則
Noguchi Yoshinori

サンマーク出版

私はかつて、心から満足できる人生を実現すべく、
さまざまな自己啓発書を読み漁って行動に移しましたが、
それでも自分に自信が持てず、行動は空回りするばかりでした。

やがて私は大切なことに気づきました。

立派な建物を建てるためには、
まず基礎工事をしっかりやる必要があるように、
心から満足できる人生を実現するためには、
まず自分という人間の土台を確立する必要があったのです。

自分という人間の土台を確立すれば、本来の力を発揮できます。
そのための生き方を本書でお伝えします。

目次

第二章　選択する力を養う

第三章　地に足をつけて新生する

第四章　自己受容を深める

第五章　人生を最高の物語にする

装丁　重原隆
本文ＤＴＰ　ジェイアート
編集協力　加藤義廣（小柳商店）
編集　鈴木七沖（サンマーク出版）

プロローグ　「自分づくり」の旅を始めましょう

あなたは、自分の人生に対して、あるいは自分の選択に対して、あるいは自分自身に対して、どのくらいの確信を持って「これでいい」と思えていますか？
また、人生において、自分本来の力をどのくらい発揮できていると思いますか？

かつての私がそうだったのですが、自分で自分にＯＫを出せない人は、他人の言葉や評価に振り回されたり、人と自分を比べて焦ったり妬《ねた》んだり落ち込んだりしがちです。「自分らしさ」に軸を置いて生きることができないので、周囲の人や環境に影響を受けすぎてしまうのです。

また、自分にＯＫを出せない人は、何かを選んだり決めたりした後も、「これでよかったのだろうか」という迷いのため、目の前のことに意識を集中できず、本来の力を発揮できません。願望や目標を持っていても、その実現のための行動が中途半端なものになり、空回りしてしまいます。若いころの私が、まさにそうでした。

では、どうすれば自分で自分にOKを出し、自分らしさに軸を置き、本来の力を発揮して生きることができるようになるのでしょうか？　これが本書のメインテーマであり、これについては第一章からじっくりお話ししていきますが、最初に誤解を防ぐためにお伝えしたいことがあります。それは、本書が、ポジティブ（前向き、肯定的）な考え方や思考法を奨《すす》める本ではないということです。

ポジティブな考え方や思考法にも効用はありますが、自分で自分に対して心からOKを出せるようになるためには、考え方や思考法よりも、もっと根本的なアプローチが必要です。具体的には「自分づくり」、つまり、しっかりした軸のある「自分を確立すること」が不可欠なのです。

実をいいますと、私は本書のタイトルを、『自分の人生に対して、あるいは自分の選択に対して、あるいは自分自身に対して「これでいい」と心から思えるような、そんな自分を確立する生き方』としたかったのです。しかし、長すぎて不採用となりました（笑）。

それはさておき、このタイトルの中の「自分を確立する」という言葉がとても大切なキーワードなのです。

自分を確立するというのは、自分を土台から築き上げていくということです。そして、それに取り組んでいく過程で、私たちの内に「生き方の確かな指針」が確立されます。

この指針が、人生の充実度や満足度を大きく左右するのです。

本書で紹介する生き方は、「どのように自分を確立していけばいいのか?」「生き方の確かな指針を、どのように自分で見出していけばいいのか?」という問いに対する、私からの具体的な提案です。

これは、私が自分の人生の中で実践し体験し確信したこと、さらに、コーチングの仕事を通してたくさんのクライアントさんをサポートしてきた体験によって、くり返し確かめ、確信を強めたことにもとづいています。

心理学が教えてくれる「自分づくり」の勘どころ

次に、心理学の観点から、「自分づくり」「自分を確立すること」について、お話ししてみたいと思います。

人は生涯を通して心理的・人格的に成長・発達を続けていきますが、心理学者のユングによると、人生の前半と後半のそれぞれに、成長・発達のための重要な課題があります。

ユングは、人間の人生における四十歳前後の時期を「人生の正午」と呼び、それを境にして、それ以前を「人生の前半」、それ以後を「人生の後半」と考えました。そして、「人生前半の課題は自我を確立することであり、人生後半の課題は個性化の過程を進めていくことである」と言いました。

「自我の確立」だとか「個性化」だとか、私たちの日常生活の中ではあまり使われない言葉が出てきましたね。そこでまず「自我」という言葉から説明しますね。

私たちの心には、自分で意識できる領域と自分では意識できない領域がありま す。前者を「意識」と呼び、後者を「無意識」と呼ぶのですが、ユングは、「意識」の中心を「自我」と呼んだのです。

別の言い方をすると、「自我」とは、私たちがものごとを考えたり、判断したり、選択したりするときの主体です。「私は考える」「私は○○について判断する」「私は□□を選ぶ」と言うときの「私」が「自我」なのです。

では、「自我を確立する」とはどういうことかといいますと、これこそが先ほどから述べている「自分づくり」であり「自分を確立する」ということなのです。

しかし、これでは具体的にイメージしにくいですよね。

そこで、「自我を確立する」という言葉を、私なりの解釈も加えて、次の四つの意味から成る言葉として定義したいと思います。

（一）自分と他者の間の境界線を明確にし、自分の気持ちや欲求を大切にすることによって、自分が自分であることの確かさと安心感を感じられるようになること。

（二）「他者や世間に振り回されることなく、自分の頭で考え、自分の意志で判断し、自分の責任で選択する主体」としての自分を確立すること。

（三）心理的に大人になるために必要なプロセス（心理的な通過儀礼）をクリアし、現実に根を張って生きることができるようになること。

（四）自分自身をあるがままに受け入れられるようになるとともに、他者とも健康的・建設的な人間関係を築いていけるようになること。

定義ということで、ずいぶん硬い表現になってしまいましたが、本書の中では、わかりやすく具体的にお話ししていきます。

ちなみに、この（一）から（四）にそれぞれ対応するのが、本書の第一章から第四章です。つまり、自我をどのように確立していけばよいのかを、（一）から

（四）までの四つの面から述べているのが、第一章から第四章までなのです。

次に、人生後半の課題である「個性化」についてもお話しします。

心理学者の河合隼雄さんが著書『ユング心理学入門』の中で、個性化について次のように述べています。

「個人に内在する可能性を実現し、その自我を高次の全体性へと志向せしめる努力の過程を、ユングは個性化の過程、あるいは自己実現の過程と呼び、人生の究極の目的と考えた」

この説明は、心理学になじみのない方にはわかりにくいかもしれませんね。この「個性化」という言葉を、私なりに、次の三つの意味から成る言葉として定義します。

（一）潜在的な可能性を実現して、より自分らしい自分になっていくこと。

（二）それまで無意識下に抑圧してきた部分を統合し、それらが調和的に働くようにしていくこと。

（三）自分の中の対立する要素（静と動、陰と陽、女性性と男性性など）を統合して、より成熟した人間になっていくこと。

これもまた硬い表現になってしまいましたね。さらにわかりやすくするために、あえて思いきりシンプルに表現するならば、個性化とは、「自分の内なる可能性を最大限に実現していくこと」です。

この「個性化（自己実現）」は、ユングによると、人生の究極の目的なのですが、ただし、個性化の過程を進めていくためには、自我をしっかり確立しておく必要があります。

それまで無意識下に抑圧してきた部分を統合していくというのは、簡単なことではありません。林道義さんも著書『ユング思想の真髄』の中で、「無意識の部分は意識と対立するからこそ無意識の中に追いやられていたのであり、したがって簡単に意識の中に取りこんだり、意識と並行して生きたりすることのできないものである」と、個性化を進めていくことの難しさについて述べています。

相当に強い自我が確立されていてこそ、個性化を進めていくことが可能になるのです。つまり、人生前半の課題である「自我の確立」をそれなりのレベルで達成することによって、人生後半の課題である「個性化」の過程を進めていけるようになるのです。

ところで、一般的には「自我が強い」という言葉を、自分の意見を強引に押し通すような人を指して使うことがありますね。しかし、心理学でいう「自我が強い」というのは、それとはまったく違います。前述した意味（P．15～P．16参照）での自我がしっかり確立された状態のことを、「自我が強い」というのです。混同しないようにしてくださいね。

それから、ユングは四十歳前後の時期を「人生の正午」と考えましたが、この年齢の基準は、現代の私たちにそのまま当てはまるものではないと思います。

小此木啓吾さんが著書『モラトリアム人間の時代』で「かつては二十二、三歳までとされていた青年期は、今や三十歳くらいにまで延長している」と述べているように、現代人の場合、心理的・社会的な意味で大人になるまでの時間が、ずいぶんかかるようになりました。したがって、人生の前半、つまり「自我の確立」を主な課題とする期間も、平均的にはずいぶん延びているものと思われます。

また、日本では伝統的に、「自分の考えを明言せず、全体の空気を読んでそれに合わせること」が重んじられ、「他人からどう見られるか」を気にし過ぎる傾向も強く、それらが自我の確立を妨げる要因になってきました。

そのような背景もあって、実際、五十代や六十代の人でも、自我を十分には確立できていない人が多く、年齢的には人生の後半に位置する人でも、「自我の確立」に取り組む必要がある人はかなりおられるはずです。

本書で提案する生き方は、自我をしっかり確立する生き方であり、自分という大地に深く根を張って生きる生き方です。

人間を建物にたとえるならば、まずはしっかりした基礎工事をやりましょうということです。それをしないまま、上にビルディングを建てようとしても、うまくいきません。基礎工事をしっかりやること、つまり自我をしっかり確立することによって、ユングのいう人生後半の課題である個性化も進めていくことができるのです。

また、本書で提案する生き方は、悩みや迷いがまったく消えてしまうような生き方ではありません。

本書で提案するのは、悩みや迷いを抱えていても、思いどおりにならないことがあっても、辛いことや悲しいことがあっても、どんなときも自分の人生を「これでいい」と受け入れて、今この瞬間を自分らしく輝いて生きる生き方です。どんな状況でも本来の力を発揮できる自分、そんな確かな自分を確立する生き方なのです。

前述したように、第一章から第四章にかけて、四つの面から、どのように自分を確立していけばいいのかをお話しし、そして第五章では、そのような生き方をしていくうえで支えになる智恵を紹介しています。

また本書は、読者であるあなたが、自分で自分を確立していかれるための内容であるとともに、子育てをされている方には、子どもの心理的な成長・発達を親としてどうサポートすればいいのかについての、ヒントも詰まっています。

では、私と一緒に、第一章から「自分づくり」の旅を始めましょう。

第一章　心の安全基地を確立する

目標を達成しても心が満たされないのはなぜか

素敵な恋人と出会って結婚したい、自分に自信を持てるようになりたい、心から満足できる仕事に就きたい、好きなことや趣味を存分に楽しみたい、夫婦関係を円満にしたい、よい子育てをしたい、仕事で大きな目標を達成したい……など、人はさまざまな願望を抱きますね。

私たち人間は、願い望む生き物なのだといえるでしょう。

願望の内容は人によってまちまちで、正反対と思えるようなものもあります。たとえば、刺激的でドラマチックな日々を送りたいと望む人もいれば、平穏な日々を送りたいと望む人もいます。

しかし、私たちが抱くあらゆる願望の根底には、一つの共通する願いがあります。すべての人の願望をつらぬく根本的な願いがあるのです。

それは「幸せでありたい」という願いです。刺激的でドラマチックな人生を望む人は、そのような人生こそが幸せな人生であると信じているからそれを望むのであり、また、平穏な人生を望む人は、平穏な人生こそが幸せな人生であると信じているからそれを望みます。

私たち人間は皆、幸せであることを切望しているのです。


しかし、残念なことに多くの人は、「自分にとっての本当の幸せとは何か」について立ち止まって深く考えたことがなく、さらに「どうすれば本当の幸せを実現できるのか」ということについての明確な指針を持っていないのが現状です。

そのため、幸せでありたいと願って、さまざまな願望を実現しようとしているにもかかわらず、予想外のことが起きる度に軸がブレてしまい、行動も空回りしがちです。

また、「願望や夢を実現したのに心が満たされない」という人もいます。「目標は達成したけど、一時的な達成感を得ただけで、人生に対する心からの満足感や充足感は得られない」とか、「夢を実現したにもかかわらず、ずっと何かに駆り立てられているようで、安らぎを得られない」と感じている人も少なくないのです。

目標を達成し、夢や願望を実現したとしても、心が満たされていないとしたら、これは本当の意味での幸せとは言えませんね。

では、私たちはどうやって、自分にとっての本当の幸せを見出せばいいのでしょうか。私たちが本当の幸せを実現するうえで根本的に大切なことがあるとしたら、それは何なのでしょうか。

その根本的に大切なこととして、私が最初に挙げたいのは、「自分を大切にして生きる」ということです。

どんなに素敵な恋人ができても、その恋人との関係が、自分の気持ちを抑えて我慢しないと保てないような関係であったら、やがて心が虚しくなってきます。どんなに大きな願望を実現したとしても、その実現した状態を維持するために、自分らしさを犠牲にしなければならないとしたら、心は満たされません。

どのような状況においても、自分の気持ちを大切にできるような生き方をすること。これこそ、本当の幸せを実現する土台になることなのです。

そして、自分の気持ちを大切にするためには、自分と他者の間の境界線を明確にし、心の中に安心できるスペースを確保する必要があります。そのことによって私たちは、自分の気持ちを大切にできるようになり、また、自分が自分であることの確かさを感じられるようになるのです。

以上が、「自分づくり（自我の確立）」の一つ目の側面であり（P.16の〈一〉参照）、具体的にどうすればいいのかということを、この第一章でお話しします。

自分に与えるゆるしのメッセージ

自分の気持ちをどのくらい大切にできるかということは、豊かな人間関係を築いていくうえでも鍵を握ります。

豊かな人間関係を築いていくためには、相手の気持ちを尊重することが必要になってきますが、人は自分のことを大切にできるようになってはじめて、相手のことを〝無理なく自然に〟尊重できるようになるのです。

田中信生さんが著書『そのままのあなたが素晴らしい』の中で、「自分をゆるし、受け入れている人ほど、他者を深く愛することができる」と述べています。

また、飯田史彦さんは著書『愛の論理』の中で、「他人を愛するためには、まず自分を愛する必要があり、自分自身を十分に愛している人だけに生じる『心のゆとり』が、他人を愛する原動力《げんどうりょく》になる」と述べていますし、ロビン・ノーウッドは著書『愛しすぎる女たち』の中で、「他の人の世話係から自分自身の世話係へと、思いきった役割転換をやり遂げると、あなたの彼に対する態度はバランスの取れたものになる。人は、健全でバランス感覚の良い人間になるにつれて、より健全でバランスの取れたパートナーを惹きつけるものだ」と述べています。

まず自分を受け入れ、自分を愛し、自分を大切にすることが、幸せな人間関係を築いていくうえでの土台になるのです。つまり、すべての人間関係の基本になるのが、自分自身との関係なのです。

自分の欲求や気持ちを抑えて、いつも相手の欲求や気持ちを優先している人は、一見して、相手のことを尊重しているように見えますが、ここにはずいぶん無理があります。相手との関係を心から楽しむことができませんし、我慢によるストレスが溜まっていき、やがてその関係に疲れてしまいます。

その結果、相手に対する敵意や怒りが芽生《めば》えてくることもありますし、さらに、それらの感情が爆発する場合もあります。いずれにせよ、その関係を良好に維持することが難しくなってくるわけです。そして、それでもその関係を維持しようとするなら、自分の欲求や感情をずっと抑え続けることになり、自己犠牲的で不健康な依存関係になってしまいます。

自分の気持ちを抑えて、相手の気持ちばかりを優先する人は、子どものころから「よい子」だったケースが多いようです。加藤諦三さんが著書『人生の悲劇は「よい子」に始まる』の中で、「親の期待に応えようと頑張る『よい子』は、大人になってからも他人の期待に応えようとしてしまい、『自分がない人』になってしまう」ということを指摘されています。

さらに加藤さんは「よい子」について次のように述べています。

「手のかからない、反抗しない子は、未成熟な親や支配的な親、自己中心的な親にとっては、素直なよい子に思える」「心を病む人というのは、子供の頃『よい子』であった人が多い」

加藤さんの指摘する「よい子」とは、親に対して従順な子であり、聞き分けのよい子です。そして、そのような子は、自分の欲求や感情を大切にできない子でもあり、精神的に脆《もろ》いのです。そのような子が大人になって自分を取り戻すためには、自分の欲求や感情に気づき、それを大切にしていく練習をしていく必要があるのです。

もう一つ、別の角度からもお話ししますね。

自分を駆り立てる心の声のことを、交流分析という心理学ではドライバーといいます。たとえば、子どものころに、「自分が親を満足させるような言動をしないと、すぐに親が不機嫌になってしまう」といった経験をくり返すと、「親を喜ばせなければいけない」「自分の気持ちを抑えてでも、親を満足させなければならない」と考えるようになり、それが「相手（他人）を喜ばせろ」というドライバーとなって心に定着することがあります。そして、こうして親との関係で身につけた対人関係のスタイルを、他の人に対しても適用するようになるのです。

このドライバーを強く持っている人は、いつも他人のことを気にし過ぎて、相手の機嫌をうかがうことに神経を使い、なかなか自分の気持ちを大切にできません。気乗りしないものに誘われた場合でも、「相手をガッカリさせてしまってはいけない。相手を喜ばせなければならない」という声に駆り立てられるため、断ることができないのです。

自分に与えるゆるしのメッセージのことを交流分析ではアロワーといいますが、ドライバーをゆるめるためには、このアロワーをくり返し与えることが有効です。「自分を大切にしていいんだよ」「まず自分の気持ちを優先していいんだよ」というアロワーをくり返し自分に与えていくことで、「相手を喜ばせろ」というドライバーもやがてゆるんでいきます。

ここで大切なことは、自分がすぐに変わることを期待するのではなく、すぐには変われない自分を受け入れながら、気長にアロワーを与え続けていくことです。

「自分を大切にしていいんだよ」というアロワーを与え始めたとしても、「相手を喜ばせろ」というドライバーがすぐにゆるむわけではないので、これまでと同様に相手の顔色をうかがってしまい、断ることができない場合もあると思います。そのようなときは、相手を喜ばせないと安心できない自分をあるがままに受け入れることが大切です。

アロワーは、「自分を大切にしなければいけない」という強制的なメッセージではありません。「相手を喜ばせないと安心できないときは、自分を抑えて相手のことを優先したっていいんだよ。自分の気持ちを大切にできそうなときは、自分を優先したっていいんだよ」といった、「どちらを選択してもＯＫ」というニュアンスを含んだ受容的な態度で、自分に対して気長にアロワーを与えていけば、やがて自分の気持ちを大切にできるようになってくるのです。

子どものころに決めたことの影響力

ここで少し考えておきたいことがあります。
「よい子」たちが、どうして自分の気持ちを抑えてまで、親の期待に応えようとするようになったのかということです。

小さな子どもは、お金を稼いで衣食住を確保することをはじめとして、生活の基本的なことを全面的に親に依存しており、一人では生きていくことができません。そんな子どもにとって、親から拒否されたり、親に見捨てられたりすることは、自らの命の安全が脅かされるくらいの極度の不安に直結することです。

ですから子どもは、自らの安全が脅かされるくらいならば、進んで自分の欲求や気持ちを抑えるほうを選ぶのです。

では、どのようなときに子どもは、「親から拒否された」とか、「親に見捨てられるのではないか」と感じるのでしょうか。

加藤諦三さんが前述の著書の中で、「親の不機嫌な態度は、子供にとっては『拒否』と同じである」と述べています。親からすれば、子どもを拒否するつもりもなければ、見捨てるつもりもなく、期待どおりの行動をしない子どもに対して、ただ不機嫌になっているだけかもしれません。しかし、親の不機嫌な態度や表情を見た子どもは、自らの存在を拒否されたかのように感じ、見捨てられるのではないかという不安に直面することになるのです。

そして、このような経験を何度もくり返すと、子どもは「なんとしても親の期待に応えなければ」「自分の気持ちを抑えてでも、親を喜ばせなければ」と駆り立てられるようになり、自らの喜びよりも親の喜びを優先するようになるのです。

こうして子どもは、子どもなりのやり方で自分を守っているわけです。親から拒否されないために親の期待に応えようとすることは、小さな子どもにとっては、自らの安全を守るためには必要なことだともいえるでしょう。

ところが人は、子どものころに親との関係で身につけた対人関係スタイルを、大人になって他の人との間にも適用するようになります。

人は子どものころに、「このように生きていこう」と、生きていくうえでの基本的な方針を決めるのですが、これを「幼児決断」といいます。幼い未熟な思考による決断ではありますが、これが大人になってからの無意識の行動を左右する源になるのです。

たとえば、子どものころに親との関係で、「相手の期待を決して裏切らないように生きよう」と決断した場合、大人になって、相手が親でない場合においても、その幼児決断が心の中で生きていて、相手の期待に応えようと頑張ってしまうわけです。

たしかにその決断は、子どものころに親との関係で自分の安全を守るためには、せざるをえない決断だったのかもしれません。親に養ってもらわないと生きていけない子どもにとっては、必要な決断だったともいえます。

しかし大人になった私たちが他の人たちとかかわる場合には、その「相手の期待を決して裏切らないように生きよう」という決断は、冷静に考えてみれば、あまり賢明なものではないことがわかります。たとえば、他人の期待を裏切ってその人を不機嫌にしたとしても、それは大人の私たちにとって、自らの命の安全が脅かされるような脅威にはならないはずです。つまり、大人の私たちの場合、自分の欲求や気持ちを押し殺してまで、相手の期待に奉仕するような人生を送る必要はないわけです。

こちらの川岸から向こう岸まで渡るのに舟を使ったとしても、向こう岸に着いたら舟を捨てて、陸地は歩いて進めばいいですよね。川を渡るときに役立った舟も、陸地に着いてからは重荷になりますから。

同様に、子ども時代に役立った幼児決断は、大人になってからは重荷になってしまうことがあるのです。ですが人は、子ども時代に役立った幼児決断を大人になっても持ち続けます。これはまるで、向こう岸に着いた後に、舟を背負って陸地を進むようなものです。

「水とコーヒーの区別」というたとえもあります。

もしもあなたが、何かの病気になってお医者さんに診てもらったときに、「今日から水を飲んではいけません」と言われたとしたらどうでしょう？　とても混乱してしまうのではないでしょうか。「そんなことをしたら生きていけないではないか」という不安が湧いてきて、パニック状態になってしまうかもしれません。命にかかわる問題ですからね。

では、お医者さんから、「今日からコーヒーを飲んではいけません」と言われた場合はどうでしょうか？　コーヒーが好きな人であれば、とても残念な気持ちになるでしょう。しかし、パニック状態にまでなる必要はないですよね。コーヒーを飲めないことがどんなに残念なことであっても、命にかかわるような問題ではないからです。

相手の期待を裏切るとか、相手を不機嫌にしてしまうということは、子どもにとっては水を飲めないことに匹敵するくらいの事態です。しかし、大人にとっては、それはコーヒーを飲めないことと同じです。残念なことではありますが、重大問題ではありません。このように、水とコーヒーを区別する必要があるのです。

さて、先ほどの「相手の期待を決して裏切らないように生きよう」という幼児決断に対して、大人としてはどんな考え方ができるでしょうか。理性的に考えるならば、次のような考え方もできそうです。

「まず自分の気持ちを大切にし、そのうえで相手の期待にも応えることができたら、それはとても嬉しいことだ。だけど、もしも自分の気持ちを大切にすることが、相手の期待を裏切ることになるとしたら、それは残念なことではあるが、しかたのないことだ」

このように考えることができたら、相手の期待に応えられないことは、残念なことではありますが、最優先で避けるべき事態ではありません。「しかたない」とあきらめることもできるわけです。

しかし、理性で考えることよりも、無意識の中で生きている幼児決断のほうが影響力を持っているために、「残念だけど、しかたない」となかなか考えることができず、相手の期待に応えようと無理をすることになりがちです。

そこで、無意識に対して働きかけることが有効になってきます。前節で紹介したアロワーなどを使って、無意識の中の幼児決断をゆるめていくことが、より柔軟で幸せな生き方をしていくうえで、とても役に立つのです。

「イヤ」を大切にすると「喜び」が育まれる

親や周囲の人間の期待に応えるために作り上げた偽物《にせもの》の自分のことを、心理学者のマズローは「疑似自己」と呼んでいます。この「疑似自己」で生きている人は、自分の欲求や気持ちを断念してしまっているため、本来の自己を見失っています。

では、抑えられ、見失われてしまった自己と再びつながるには、どのようにすればいいのでしょうか。

マズローは著書『完全なる人間』の中で、「自分はなにを喜びとしているかを見る能力をとり戻すことが、踏みにじられている自己を再発見する最善の方法である」と述べています。

つまり、自分の心が何に喜びを感じているのかに気づく感性をとり戻そうということですね。

あなたも一度、時間を確保して、「自分の心が喜ぶのはどんなときか?」「自分は何にワクワクするか?」「好きなことは何か?」「どんなものに惹かれるか?」「何をやっているときに楽しいと感じるか?」「どのような場面で幸せを感じるか?」などの問いを自分に投げかけ、じっくりと考えてみてはどうでしょう。

すぐに答えが見つからなくても大丈夫です。こういった問いを自分に投げかけることで、自分の中の喜びに気づくセンサーが育ち始めるのです。

子どものころの自分を思い出してみることも役に立ちます。「子どものころ熱中したことは何か?」「何が好きだったか?」「どんなことをしているとき楽しかったか?」「どんな遊びをよくしたか?」などについて思い出してみることが、自分が何に喜びを感じるのかを探るヒントになるのです。

喜びを感じることや好きなことが見つかったら、（もちろんそれが他人に迷惑をかけるものではないというのが前提ですが、）ぜひそれをどんどんやってみてください。かりにそれが子どもじみたものであっても、また、何の社会的価値を生み出さないものであっても、あなたの心が喜びを感じるということ自体に大きな価値があるのです。

「自分だけ楽しんではいけません」とか、「好きなことばかりしていてはいけません」とか、「満足してはだめ。もっと頑張りなさい」といったメッセージを、子どものころからたくさん受けて育った人の中には、ものごとを気ままに楽しんだり、自分の好きなことに時間を費やしたりすることに罪悪感を感じてしまう人もいます。その場合は、「自分の好きなことを楽しんでいいよ」という許可のメッセージ（アロワー）をくり返し自分に与えてあげるといいでしょう。

また、どんなに時間をかけて探しても、喜びを感じることや好きなことが見つからないという人は、自分の「イヤだ」というメッセージを尊重してもらえずに育ってきたケース、あるいは、イヤなことに対して「ノー」と言えずに育ってきたケースが多いと思います。

人は、イヤなことに対して「ノー」を言うことで、自分にとって受け入れられるものと受け入れられないものの間に境界線を引くとともに、自分と相手の間にも境界線を引き、心の中に安心できるスペースを創り出します。このとき、しっかりした境界線を引けるほど、その内側のスペースは安全度の高い、より安心できるスペースになります。このスペースは、「心の安全基地」にもたとえられますが、この安全なスペースこそが、喜びが育つ場所なのです。

ですから、イヤなとき相手に対して「ノー」を言えるようになって、このスペースをしっかりと確保できるようになることが大切です。それができるようになってはじめて、心の中の喜びが育ってくるのです。

そのためには、最初に、「人間関係の中で我慢していることはないか?」「本当は断りたいのに、相手をがっかりさせないために引き受けてしまっていることはないか?」「本当は『ノー』なのに『イエス』と言っていることはないか?」などについて振り返り、相手に伝えることをあきらめてしまっている「イヤ」がないかを探ってみてください。

そして、もしもそれが見つかったら、自分の中の「イヤ」という気持ちを尊重し、どのようにしてそれを解決できるかを考えてみます。

それを解決するためには、勇気を出して相手に「ノー」を言ったりする必要性も出てくると思いますが、あまり無理のない範囲で、徐々に訓練していくのがいいでしょう。

人間関係における「イヤ」を大切にできるようになると、自分の中の「喜び」や「好き」や「ワクワク」が豊かに育まれます。このことをぜひ心に留めておいて、「ノー」を言う練習をしてみてください。

心の中に安心できるスペースを確保するために

ここで境界というものについて考えてみたいと思います。

もしも、あなたの家と隣の家の間に境界がなかったとしたらどうでしょう？ 隣の家の人が勝手にあなたの家に入ってソファーで休んでいたり、シャワーを使っていたりしたら、どのように感じますか？ あるいは隣の人が、「ここに棚があると便利だから、棚を作ってあげるよ」と言って、あなたの家のリビングルームの一角に、勝手に棚を作り始めたら？

これでは、あなたにとっての自宅は、安心できる空間にはならないですよね。

家と家の間の境界が曖昧《あいまい》だと、自宅が安心できる空間にならないのと同様に、自分と他者との間の境界が曖昧だと、自分の心の中に安心できるスペースを確保することが難しくなります。そのため、リラックスして人とかかわることができず、人間関係において過剰にストレスを感じるようになってしまうのです。

具体的な例で考えてみましょう。

・A子さんが携帯電話でメールを打っていたら、友達が「メールを打っているんでしょ？　誰に？　見せて～」と言って覗き込んできました。A子さんとしては、プライバシーを大切にしたいし、自分のメールを覗かれたくありません。

・B郎さんが夜、就寝しようとしていたら、遅い時間なのに友達から電話がかかってきました。B郎さんはとても疲れていて、すぐにでも眠りに就きたいのですが、友達は「今日、つらいことがあったから、聞いてほしいんだ」と言って話し始めました。

・C子さんの息子のD郎君のことで、義母からC子さんに何度も電話がかかってきて、D郎君を進学塾に行かせるよう強く勧めてきます。D郎君は塾に行くよりも、好きな野球を存分にやりたいと言っていて、C子さんとしては、そんな彼の気持ちを尊重しようと思っています。そして、それは義母にも伝えたのですが、義母は何度も「野球をやめさせて塾に行かせるべきだ」と言ってきます。

これらのケースで、A子さんやB郎さんやC子さんが、本当はイヤなのに「ノー」と言わなかったらどうなるでしょう？　A子さんは、覗かれたくないメールを友達に覗かれたまま、プライバシーを侵害された気分になるし、B郎さんは、疲れていて寝たいにもかかわらず、眠気に鞭《むち》打って友達の話を聞くはめになってしまうし、C子さんは、自分の子育てに義母から口出しされ続けることになってしまいかねません。

もしも三人が、このように我慢して生きるのではなく、自分の気持ちを大切にして生きたいと思うなら、自分と他者の間の境界をはっきりさせる必要がありま す。つまり、「この境界線からこちらには入ってきてほしくない」というラインをはっきりと示し、相手がそこから侵入してくるならば、それに対して「ノー」を言う必要があるのです。

ところが、これをなかなかうまくやれない人が、かなり多いようです。一般的に私たちが相手に対して取りがちな態度として、森田汐生さんが著書『あたらしい自分を生きるために』の中で、次の三つのタイプを挙げています。

一つ目は、相手に対して攻撃的に食ってかかるタイプです。怒った口調で「やめてよ！」「どうしていつも口出しするの！」などと相手を攻撃するので、相手を傷つけてしまうことが多く、自分も後味《あとあじ》の悪い思いをします。

二つ目は、黙って我慢するタイプです。イヤなことをイヤと言えず、頼まれたことを断ることもできず、自分で抱えて悶々としてしまいます。

三つ目は、遠回しに伝えようとするタイプです。はっきりとは言わずに、いやみを言ったり、自分がされたことをわざと仕返ししたりして、相手にわからせようとします。

以上、三つのタイプを挙げましたが、どのタイプも本当に言いたいことが相手に伝わりませんし、その結果、自分もスッキリできません。

そこで、より効果的・建設的な「ノー」の言い方について考えたいと思いますが、その前にまず、自分がどのような態度を取る傾向にあるのかを自覚しておくことが大切です。

三つのタイプの中で、あなた自身に当てはまるものはありましたでしょうか。「いつもは我慢するタイプだけど、我慢を溜めこみすぎると、急にキレてしまって攻撃的なタイプになる」とか、「職場では我慢するタイプだけど、家で子どもに対しては攻撃的なタイプになる」などのように、一人の人でも状況によって違うタイプになるケースもあると思います。

この機会にぜひ、日ごろのあなた自身の傾向を振り返ってみてください。

アサーティブに「ノー」を言うと自尊心が育つ

相手の権利を侵害することなく、自分の要求や意見を率直に表現する態度を、「アサーティブな態度」といいます。これは、自分も相手も大切にする建設的な態度であり、また、自分と他者の間に健康的な境界線を引くために必要な態度でもあります。

では、前節に登場した三人が、アサーティブに「ノー」を言うとしたら、たとえばどのような言い方が考えられるでしょうか。

A子さんの場合は、「私はメールもプライバシーの一部だと感じているから、自分のメールを人に見られたくないのよ。だから覗かないでね」と伝えるのもいいかもしれません。

B郎さんの場合、まず「ちょっと待って」と相手の話を止めておいて、「今日はとても疲れていて、早く寝たい気分だから、悪いけど今から話を聞くのはつらいんだ。明日以降、夜八時くらいまでにかけてきてくれたら、他の予定さえなければ、ゆっくり聞けると思うよ」という言い方もできるでしょう。あるいは、時間帯の問題ではなく、電話で人の話を聞くこと自体がイヤな場合は、「僕は最近、あまり気持ちの余裕がなくて、電話で人の話を聞くのがつらいんだ。だから電話をかけてきてもらっても、聞き役にはなってあげられないよ」と言って断ることもできます。

C子さんの場合は、たとえば、「先日もお話ししたとおり、私たち夫婦はD郎の気持ちを尊重して、野球を好きなだけやらせてやろうという方針に決めたのです。お母さんがD郎のことを心配してくださるのはありがたいのですが、何度も電話をかけてこられると、D郎の親としての私たちを尊重してもらっていないような気がして、悲しくなってしまいます。お母さんがあたたかく見守ってくださることが、私たち夫婦にとって何よりも心強いことなのです」という言い方も考えられますね。

ただし、ここで紹介した言い方の例は、「このように伝えるのがいい」といった模範的な例だというわけではありません。どのような言い方が適切であるかは、そのときの状況や自分の気持ちによっても違ってきます。

大切なことは、相手の言動や態度に対して自分がどんな気持ちになっているのかに気づき、その気持ちを誠実かつ率直に相手に伝えることです。そのためにも、日ごろから自分の気持ちや感情を大切にすることを心がけて、自分の気持ちや感情に気づくセンサーを磨いておくとよいのです。

アサーティブな態度と自尊心の関係についてもお話ししておきます。ここでいう自尊心とは、「自分のことを価値ある存在として信頼する心」であり、「自分のどんな感情をも受容して、ありのままの自分を愛する心」でもあります。

アサーティブに自分の気持ちを表現することを訓練し実践していくと、自尊心が高まってきます。また、自尊心が高まるにつれて、アサーティブな態度で自分の気持ちを表現することが自然にできるようになります。

つまり、アサーティブな態度が自尊心を育み、自尊心がアサーティブな態度を育むのです。

そして、この好循環を起こすためには、いきなり難しい状況にチャレンジするよりも、まずは比較的難易度が低い状況において、アサーティブに「ノー」を言う練習をしていくことをおすすめします。小さな成功体験を積み重ねていくことがポイントなのです。

また、私たち一人ひとりが持っている人間としての権利について知っておくことも、アサーティブなコミュニケーションを実践するうえでの心の支えになります。

森田汐生さんが、前述の著書の中で、「アサーティブネスの12の権利」を紹介しています。

1. 私には、日常的な役割にとらわれることなく、ひとりの人間として、自分のための優先順位を決める権利がある。
2. 私には、能力のある対等な人間として、敬意をもってあつかわれる権利がある。
3. 私には、自分の感情を認め、それを表現する権利がある。
4. 私には、自分の意見と価値観を表明する権利がある。
5. 私には、自分のために「イエス」「ノー」を決めて言う権利がある。
6. 私には、まちがう権利がある。
7. 私には、考えを変える権利がある。
8. 私には、「よくわかりません」と言う権利がある。

9. 私には、ほしいものやしたいことを求める権利がある。
10. 私には、人の悩みの種を自分の責任にしなくてもよい権利がある。
11. 私には、周りの人からの評価を気にせず、人と接する権利がある。
12. 私には、アサーティブではない自分を選択する権利がある。

最後に「アサーティブではない自分を選択する権利」が紹介してありますね。

「どんなときもアサーティブであらねばならない」とか、「イヤなことに対しては必ずアサーティブに『ノー』を言わなければいけない」などと考えるとしたら、これは苦しいですよね。

アサーティブになれないときには、そんな自分をゆるし、受け入れ、たとえば「今回は自分の気持ちを言わないことを選ぼう」といったぐあいに、自分の責任で選択すればいいのです。それをする権利が、「アサーティブではない自分を選択する権利」です。

健康な家族は夫婦間や親子間にも境界線がある

自分と他者の間の境界が曖昧な人は、「この誘いを断ったら、相手はがっかりするか、不機嫌になるだろう。それを避けるためには、自分の気持ちを抑えて誘いを受けるしかない」といったぐあいに、相手の感情の責任を自分が引き受けてしまいます。

本来、相手のがっかりや不機嫌は相手側の問題であり、こちら側が責任を負うことではありません。しかし、境界が曖昧だとそこを混同してしまうのです。

そして、相手の感情に奉仕することをくり返していると、困ったことに、相手から「この人は私の誘いや頼みごとを断らない人だ」と期待されるようになり、その結果、「周りの人たちは、なぜ私にばかり頼みごとをしてくるのだろう」とか、「どうして私は、人からよく便利使いされてしまうのだろう」などと嘆くことになってしまいがちです。

それから、自分と他者の間に境界線を引けない人は、他者が自分の人生に侵入してくるのをゆるしてしまうわけですが、同時に、他者の境界線を破って、他者の人生に侵入してしまう傾向も持っています。

たとえば、外では他人に対して「ノー」と言うことができない人が、家では自分の子どもに対して過干渉になったりします。具体的には、子どもが秘密を持つことをゆるせなかったり、子どもの友達づきあいのやり方に口を出したり、子どもの進路について過度に干渉したりして、子どもが「ノー」を言うと不機嫌になったりするのです。

また、職場で上司から提案されたことに対して「ノー」を言えない人が、自分の部下に提案したことに対して部下から「ノー」と言われると不機嫌になったり、あるいは、「ノー」と言わせない雰囲気で部下に提案したりする場合もあります。

まずは、アサーティブに「ノー」を言うことを練習して、自分の境界を守れるようになることが大切です。

人は、自分の境界線を明確にして、それを守ることができるようになると、他者の境界線も尊重することができるようになります。自分の「イヤ」を大切にできるようになると、他者の「イヤ」も尊重できるようになるのです。


境界線を引くことは、夫婦間や親子間においても大切です。

家族としての健全な機能が大きく損なわれている家族のことを「機能不全家族」といいますが、クリッツバーグというアメリカのセラピストは、機能不全家族の特徴の一つとして、「家族一人ひとりにプライバシーがないこと（個人間の境界が曖昧であること）」を挙げています。逆に言えば、家庭を安らぎの場にするためには、家族間にも境界線を引き、一人ひとりのプライバシーを尊重する必要があるわけです。

人はそれぞれ、「ここから内には入ってきてほしくない」「これについては話したくないし、質問もされたくない」という領域を持っています。それを尊重し合うことが、夫婦間や親子間においても大切なのです。

たとえば、「私たちは夫婦なのだから、何でも話してもらわないと困る。おたがいすべてをオープンにしようよ」といったメッセージは、相手の境界線を破り、相手の繊細な領域にまで侵入してしまうことになりかねません。また、このような姿勢で接すると、相手はますます本音を隠すようになります。

相手の「話したくない」という気持ちを尊重することが、相手の境界線を尊重することになるのです。

スティーブン・R・コヴィー博士が、夫婦間でコミュニケーションをとるときに大切にしている二つのルールを、著書『7つの習慣』の中で以下のように紹介しています。

「ひとつは、絶対に探らないということだった。相手が傷つきやすい内なる自分を表現し始めた時点で、相手に質問することをやめ、感情移入に徹することにした。探ることとは、相手の中に無理矢理立ち入り、相手をコントロールする結果を招くからだ。（中略）もうひとつのルールは、あまりにも心が痛むような話になったら、その日の話はそこで終わりにするというものだった。翌日は、終わったところから始めるか、あるいは相手がその話を続けてもいいと感じるまで別の話題に変えることにした。たとえ、その場で解決できない話が残ったとしても、いつかそれについて話すことができると考え、急がないことにした」

コヴィー夫婦は、この二つのルールのおかげで安全に対話を進めることができ、深い相互理解に至ったのです。夫婦のように親密な関係であるほど、おたがいの境界に侵入しないためのルールを決めておくことは大切ですね。

また、子育てにおいても、子どもの境界線を尊重してあげることはとても大切です。

子どもは小学校の低学年くらいから、秘密を持つようになります。私も小学校のころは、親に内緒で、友達と秘密基地を作って遊んだものですが、この年ごろの子どもは、親に言わない秘密を持とうとするようになるのです。

それは秘密基地のようなものに限りません。それまでは何でも親に話していた子どもが、親に話すことと話さないことを区別するようになり、話さないことが次第に増えてきます。友達と共有している秘密でも、親には言わなかったりするのです。

そして、このように秘密を持つようになることは、子どもが心理的に自立していくうえでとても重要なプロセスであり、子どもが自らの境界を確立するうえで不可欠なことです。

ですから、親がいつまでも、「嘘をついてはいけません」とか「隠し事をしてはいけません」ということを言い続けるのは、子どもの自立を妨げることにもなるわけです。

自分を守るためのルール

アサーティブに「ノー」を言うことを実践するにあたって、「自分の境界を守るためのルール」を作っておくと、それが行動をあと押ししてくれます。

まず、「日ごろから我慢していることはないだろうか？」「無理をして相手に合わせていることはないだろうか？」「できれば断りたいと思うことはないだろうか？」などについて自分に問いかけたうえで、「ここまでなら許容するが、これを超えた場合は『ノー』を言う」という自分なりの基準を定めます。そして、その基準を守るための具体的なルールを決めるのです。

特に最初は、そのルールを守ることがあまり難しいものにならないように、ハードルを低めに設定することがポイントです。自分にとって無理がなく、今の自分に一番しっくりくるようなルールを考えてください。

ルールの例もいくつか挙げてみます。

・メールアドレスや携帯電話の番号は、親しい人にしか教えない。
・気乗りしないお誘いに対しては、その場で返事をせず、後でメールで断る。
・気乗りしないお誘いに対しては、その場ですぐに断る。
・お断りするときは、特に理由を並べたてず、「気乗りしないのです」と正直な気持ちを伝える。
・理由を並べたてなくてもいいから、とにかく断る。
・○○さんからの頼み事は引き受けない。
・○○さんからのメールには返事をしない。
・夜十時以降は電話に出ないようにし、そのことを友達に伝える。
・自分の部屋に家族を入らせない。

以上は参考例ですが、ぜひ、あなた自身にピッタリのルールを考えてください。ただし、ルールに縛《しば》られ過ぎないことも大切です。状況によっては、「今回はルールを適用しない」という柔軟な選択もできるといいですね。

また、「ルールにしたがって相手に『ノー』と言いたかったのに、相手を前にすると言えなかった。ルールを守れなかった」といったこともあると思いますが、あなたが「ノー」と言えなかった背景には、きっと心の傷があるのです。だから「ノー」というのが怖かったのです。

ですから、そんなときは、「あの場面で『ノー』というのは怖いよね。不安になるよね」と、自分で自分に共感的な言葉をささやきかけ、傷ついている自分をやさしくいたわってあげていただきたいと思います。

ルールを作るということに関して、私のケースも紹介します。

私は人前でお話をするのが得意ではありません。人前に立つと非常に緊張するタイプなのです。ところが私は、元々「ノー」を言うのが苦手だったので、講演やセミナーの講師のご依頼をいただくとお断りできず、引き受けてしまってストレスを溜めるということがよくありました。

そこで私は、「講演やセミナーの講師のご依頼はお受けしないことにし、どなたからご依頼があってもお断りする」というルールを決めました。それを決めたのは、今から九年前の二〇〇四年のことです。

それから今日までの九年間、ありがたいことに実にたくさんの方から講師のご依頼をいただきました。

依頼してくださった方の中には、とてもお世話になっている方もいれば、仲良くしている著者仲間もいれば、長年おつきあいのある方もいます。特にそういった方たちに対しては、もしもルールを決めていなかったら、なかなか断れなかったのではないかと思います。

ですが、「お断りする」というシンプルなルールを決めているために、毎回、迷うことなくお断りできています。依頼してくださったことに心から感謝し、心の中で「ありがとうございます」と合掌するような気持ちでお断りしているのです。

中には、「講演がだめならパネルディスカッションのパネラーとしてはどうですか？　それも難しいなら、イベントの後のパーティーで『乾杯の音頭』だけでもお願いできませんか？」といった問い合わせをしてこられる方もいますが、元々断るのが苦手だった私は、もしもルールを決めていなかったら、このようなご依頼に対して断れなくなってしまい、依頼者を脅威的な存在として感じてしまうと思います。「なんてしつこい依頼の仕方なんだ！」と、心の中でその方を責めてしまうかもしれません。

ですが今は、ルールを決めているために、迷わずキッパリとお断りすることができ、そのため、依頼されることがまったく負担にならないのです。つまり、依頼されることが、私にとって脅威にはならないので、心の底から感謝して断ることができるのです。

ただ、前述したように、ルールには縛られすぎないことが大事だと思います。状況に応じて、例外を認める柔軟性があってもいいと思うのです。

私の場合、「講師のご依頼はお断りする」というルールについては、自分が心からワクワクする仕事にエネルギーを集中的に注ぎ込むためにも、とても役に立っているルールなので、かたくなに守ってきました。

それでも、この九年の間に一度だけ、例外的に講演のご依頼を引き受けたことがあります。二〇〇八年のことでしたが、そのときはご依頼をいただいた瞬間にワクワクして、お引き受けしたくなったのです。

そして、それから五年ぶりになりますが、今年（二〇一三年）の十一月にも久々に講演をさせていただこうと思っており、このように、ときに例外的な選択をするのも楽しいものだと感じています。

相手の問題は相手に返す

自分の気持ちを大切にして、自分らしく生きようとしたら、「相手が不機嫌になる」とか「相手が離れていく」といった経験が必ずついてきます。

たとえば私が、自分の欲求を大切にすることを優先して、相手からの依頼や誘いを断ったとしますね。その場合、相手が私の選択を尊重して受け入れてくれる場合ももちろんありますが、相手が不機嫌になる場合もあるのです。中には、私の選択が気に入らず、私を嫌って離れていく人もいます。

これらの経験は避けて通ることができません。なぜなら私たちは、相手の機嫌や感情をコントロールすることができないからです。相手を機嫌よくさせ続けることなどできないのです。

「相手が機嫌よくいられるかどうかは私にかかっている。私さえ我慢すれば、相手も機嫌よくいられるし、万事うまくいくのだ」という考えは、ある意味、傲慢な考え方ともいえます。相手の機嫌の責任まで引き受けるというのは、一種の越権行為であり、「相手には責任能力がない」という考えにもとづく行為なのです。

実際のところ、相手の機嫌がよいか悪いかは相手の問題であり、その責任は相手にお返しするしかないのです。

私たちにできることは、自分の機嫌や感情の責任を引き受けることです。他人の機嫌や感情はコントロールできませんが、「自分の欲求や気持ちを大切にするかどうか」「自分が機嫌よくいられるような選択をするかどうか」は、私たちが自分の責任で選べることです。

次に、私がかつて、自分を大切にして生きようと決めたときに書いた詩を紹介します。自分を勇気づけるために書いたものです。

「僕がすること」

僕が僕の欲求を大切にすることによって、
僕を嫌う人がいるとしたら、
僕を嫌いになってくれたほうがいい。

僕が僕の気持ちを大切にすることによって、
僕から離れていく人がいるとしたら、
離れていってくれたほうがいい。

その人たちが僕を嫌って離れていってくれたら、
僕はますます自分のことを大切にしやすくなる。

逆に、その人たちと仲よくし続けようとしたら、
僕は自分の欲求や気持ちを永遠に抑え続けなければならない。

だから、僕が僕を大切にすることによって、
僕を嫌って離れていく人がいるとしたら、
そうしてくれたほうがいい。

だれが僕のことを嫌いになろうとも、
だれが僕から離れていこうとも、

僕がすることは
僕自身を大切にすること。
僕自身の味方になること。
僕自身をゆるし、愛すること。

続けて、ゲシュタルト療法の創始者フリッツ・パールズ博士の「ゲシュタルトの祈り」も紹介したいと思います。味わって読んでみてください。

「ゲシュタルトの祈り」

私は私のことをする。
あなたはあなたのことをする。
私は、あなたの期待に応えるために生きているわけではない。
そしてあなたも、私の期待に応えるために生きているわけではない。
私は私、あなたはあなた。
もしも偶然、私たちの心が触れ合うならば、それは素敵なことだ。
もし触れ合えないとしても、それは仕方のないことだ。

かつて、断ることが苦手だった私は、自分が書いた詩と「ゲシュタルトの祈り」を何度も読んでは自分を勇気づけ、「ノー」を言うことを実践しました。

そして同時に、相手が不機嫌になったり、相手が離れていったりするときの感情も大切にするようにしました。

相手が不機嫌になったり、離れていったりすると、私たちの心は不安になったり、悲しくなったり、寂しくなったりしますが、それらの感情をしっかりと感じることが、自分を確立するうえでとても重要なプロセスになります。

不安や悲しさや寂しさなどを、自分の感情として大切に味わってみてください。そうすると、これらの感情を通して自分の深いところとつながることができます。

そして、このような体験をくり返すことによって、自分という大地に根を張ることができ、それが自分をしっかり確立することにつながっていくのです。

第二章　選択する力を養う

なぜ宮沢賢治は罪悪感に苦しんだのか

この章では、「自分づくり（自我の確立）」の二つ目の側面（P.16の〈二〉参照）についてのお話、つまり、「他者や世間に振り回されることなく、自分の頭で考え、自分の意志で判断し、自分の責任で選択できるようになるためにはどうすればいいか」というお話をします。

では早速、話を始めましょう。

親や周囲の人の期待に応えるべく、「よい子」や「いい人」として生きる人は、自分の気持ちや欲求を切り離し、それを感じまいとするようになります。

自分の気持ちや欲求を排除し、自分ではなく周囲の人の価値観に合わせて生きようとするわけですから、これは自我を捨て去ろうとするような生き方であるともいえます。

しかし、生きている限り自我はなくなりません。自我は、私たちがものごとを考えたり、判断したり、選択したりするときの主体ですから、これがまったくなくなってしまうと、私たちは現実生活を送っていくことができなくなります。

もしも、捨て去ることのできない自我を捨て去ろうとして生きるなら、心の中に不自然な歪みが生じてしまい、やがては心のバランスを大きく崩してしまう可能性もあります。

少年による殺人事件のニュースが報道される度に、犯行におよんだ子に対する周囲の人のコメントも紹介されますが、多くのケースにおいて、そのコメントは、「おとなしい真面目な性格の子だった」「礼儀正しい、よい子だった」「模範的な生徒だった」といったものです。

犯行におよんだ子の多くは、自分の気持ちや欲求を抑えて「よい子」として生きてきた子なのだと思います。自我を捨て去ろうとして頑張ってきた子であるともいえます。そうやって頑張ってきた結果、どこかで心のバランスが大きく崩れてしまったのだと思うのです。

ここで、自我を確立することの大切さを考えるにあたって、トランスパーソナル心理学のお話をしたいと思います。

トランスパーソナル心理学とは、人間をスピリチュアリティ（精神性）の次元まで含めてホリスティック（全体的）にとらえる心理学で、「人間は個人を超えた何かとつながっている存在である」という人間観にもとづいています。自分というものの感覚が、個人を超えて、自然や宇宙にまで広がっていくような体験をトランスパーソナル体験といいますが、トランスパーソナル心理学ではこのような体験も研究対象にします。

そして、このように個人を超えたところまで視野に入れるトランスパーソナル心理学においても、「自我の確立」がとても重要であるとされているのです。

トランスパーソナル心理学を日本に紹介した一人である吉福伸逸《よしふくしんいち》さんが、著書『トランスパーソナルとは何か』の中で、次のように述べています。

「トランスパーソナル心理学では、健全な自我の確立が、自我を超えた成長をする場合の必要条件として位置づけられています。まず自我を発達させて確立し、それを内に含みながら超越していく。つまり、自我を捨て去るのではなく、自我を包み込むかたちで成長していくという理論が、トランスパーソナル理論のひとつの特徴だといってかまいません」

個人あるいは自我を超えていくためには、自我を捨て去るのではなく、まず自我をしっかりと確立する必要があるということを、トランスパーソナル心理学でも強調しているのです。


続いて、私がとても敬愛している宮沢賢治についてお話しします。

私は賢治の作品が好きです。彼の詩や童話からは、「生き物はみな兄弟である」

「森羅万象はつながっていて、交感し合っている」という世界観がイキイキと伝わってきて、賢治が個を超えた（トランスパーソナルな）世界を観ていたことや、自我を超えた無私の心境にあこがれていたことがうかがえます。

しかし賢治は、トランスパーソナルな世界に向かおうとする過程、あるいは無私の心境を目指す過程で、自我を捨て去ろうとしたのだと思います。

賢治は、「自分を犠牲にしてでも、人を救わなければならない」という考えを強く持っていたため、自分の欲求を大切にすることができず、自分が自分であることに安心感を感じることができませんでした。そして、自分の存在に対する罪悪感に苦しみました。

妹が病床に伏したときは、自分が元気であることに罪悪感を感じているし、妹が亡くなった後は、妹だけの冥福を祈ってしまう自分を戒めるような詩を書いています。

そして賢治は、肺病を患ってからも、まるで死に急ぐかのように、病気が小康状態になるとガムシャラに働き、三十七歳の若さで急性肺炎で亡くなりました。

賢治の作品を読むとき、彼の自己否定感や罪悪感のようなものが伝わってくることがあります。そんなとき私は、「もしも賢治が、まず自分のことを大切にし、自分の欲求や気持ちを受け入れて、自分が自分であることの確かさと安心感を育んでいれば、もっと楽にハッピーに生きることができたのではないか」などと思ってしまうのです。

仮に賢治のように、「無私の生き方」を目指すとしても、その前段階として、「私を大切にする生き方」をする必要があるのです。これは心の逆説的な性質なのですが、「私」を大切にできてはじめて、「無私」の段階に向かえるのです。自分を大切にできてはじめて、自分を超えた心境に向かえるのです。

私たちは、安心して生活するのに十分な収入を得ていないとき、とかくお金の心配をする必要がありますよね。逆に、収入源をしっかり確保して、お金を十分に稼ぐことができれば、お金のことをあまり心配せずに、お金のことをある程度は忘れて生活することができます。

同様に、自分を大切にし、自我をしっかり確立することができれば、私たちは自分のことを忘れることができます。自分を忘れて、夢中になって価値ある何かに没頭することができるのです。そしてその過程を経て、自分というものを超えたトランスパーソナルな心境に自然に向かっていくのだと思います。

ひきこもりの中で目覚めた夏目漱石

年の離れた兄弟が、二人で一頭のロバを引いて歩いていると、通りがかりの人から次のように言われました。

「君たち、せっかくロバの背が空いているのに乗らないのかね？」

そこで兄の方がロバに乗り、弟が引くことにしました。しばらく行くと、通りがかりの人が兄の方にこう言いました。

「君は年下の者への思いやりがないのか。年長者として恥ずかしくないのかね？」

兄はあわててロバから降り、弟を乗せてロバを引くことにしました。またしばらく行くと、通りがかりの人が弟の方にこう言いました。

「なんという礼儀知らずな奴だ。年上の者にロバを引かせるとは」

そこで兄弟は、二人してロバに乗ることにしました。するとこんどは、通行人たちが兄弟を見ながら言いました。

「あれではロバがかわいそうだ」

兄弟はあわててロバから降り、二人してロバをかついで歩き始めました。

しばらく歩くと、兄弟はヘトヘトに疲れ、橋を歩くときに足を滑らせ、ロバとともに川に転落してしまったのでした。

この兄弟には、「自分たちはどうしたいのか」という主体性がなかったのですね。

年下の者を思いやることを大事にするのか、年上の者に対する礼儀を守ることを大事にするのか、ロバを最大限に働かせることを大事にするのか、ロバをかわいがることを大事にするのか……、そういったことを自分たちで考え、自分たちで主体的に選択していれば、周りの人たちの言葉に振り回されなかったはずです。

周りの人たちはそれぞれの価値観を持っていて、それにもとづいた意見やアドバイスを言ってきますが、仮にこちらがそのとおりに行動したとしても、その結果の責任は取ってくれません。

自分の人生は、自分の責任で創っていくしかないのです。人生で問題に直面したとき、それをどう捉え、どう対処していくかは、自分で考え、自分で選んでいくしかないのです。

夏目漱石の話も参考になります。

漱石は大学生のときに英文学を三年間専攻しました。しかし、文学とはどういうものかがわからず、苦悩しました。後に講演の中で、学生時代を振り返って、「とにかく三年勉強して、ついに文学は解らずじまいだったのです」（『私の個人主義』より引用）と述べています。

そして、そのような煩悶をかかえたまま教師になった漱石は、自分が何をやりたいのかがわからなくなり、空虚感をかかえて悶々とし、神経衰弱にもなりました。講演の中では、当時のことを次のように振り返っています。

「私はこの世に生れた以上何かしなければならん、といって何をして好いか少しも見当が付かない。私はちょうど霧の中に閉じ込められた孤独の人間のように立ち竦《すく》んでしまったのです。（中略）ただ腹の底ではこの先自分はどうなるだろうと思って、人知れず陰鬱な日を送ったのであります」（同書）

その後、漱石は三十三歳のときにイギリスに留学しますが、英文学を学ぶうえでの苦悩は解消されず、さらに人種差別を受けて傷心し、再び神経衰弱になってしまいます。

そして彼は、下宿にひきこもってしまったのですが、そのひきこもり生活の中で、自分が「他人本位」であったことに気づきます。

それまでの漱石は、権威ある人の言葉を鵜呑みにし、西洋人の学者が言うことの受け売りをしていました。そこには主体としての自分がなく、ただ他人に盲従し他人を模倣するだけの、他人本位の自分があったのです。

そして、そのことに気づいた漱石は、それまでの生き方を変えるような決意をします。それは「自己本位の生き方をしよう」という決意でした。

他人の意見や、世間の常識や、権威ある人の言葉に従うのではなく、自分の頭で一から考え、自分が感じることを大切にして生きようと決めたのです。「文学とはどのようなものであるか」についても、それを他人から学ぶのではなく、根本的に自分で創り上げればよいと考えるようになったのです。

この決意が人生の転機になったということを、漱石は講演の中で、次のように述べています。

「私はこの自己本位という言葉を自分の手に握ってから大変強くなりました。（中略）今まで茫然と自失していた私に、ここに立って、この道からこう行かなければならないと指図をしてくれたものは実にこの自己本位の四字なのでありま

す。自白すれば私はその四字から新たに出立したのであります」（同書）

こうして漱石は、自己本位という言葉によって立ち上がったわけですが、その後、作家として本を書くようになり、日本を代表する文豪になっていきました。

また、漱石はこんなことも言っています。

「自分がそれだけの個性を尊重し得るように、社会から許されるならば、他人に対してもその個性を認めて、彼らの傾向を尊重するのが理の当然になって来るでしょう」（同書）

漱石は、自分の個性や考えを徹底的に大切にしたことによって、心に余裕ができ、他人の個性や考えをも尊重できるようになったのです。

人は、自分の個性を尊重できるようになると、他者の一人ひとりが個性を持った存在であることを実感でき、他者の個性をも尊重できるようになります。

また、自分という主体を大切にできるようになると、他者の一人ひとりが主体として存在していることを実感でき、他者を主体として大切にすることができるようになるのです。

晩年、漱石は、「則天去私」を理想とするに至りました。「則天去私」とは、天地自然にゆだねて生きようとする無私の境地のことです。

漱石は、「自己本位」という生き方を徹底的に追求したからこそ、晩年、「則天去私」を理想とするようになったのだと思います。

前節の中で、「『私』を大切にできてはじめて、『無私』の段階に向かえるのです。自分を大切にできてはじめて、自分を超えた心境に向かえるのです」というお話をしましたが、漱石の生涯も、そのことを物語っていると思うのです。

「自分に由る」ことで創造性や独自性が育つ

自由というものについて考えてみたいと思います。

自由という言葉は、「自分に由《よ》る」と書きますね。これは、自分の考えや、自分の感じたことや、自分の心の声を拠《よ》りどころにするということです。

そういう意味で、自己本位という生き方に目覚めた漱石は、自由というものに目覚めた人だったともいえます。西洋の権威ある学者が語る文学論を鵜呑みにすることをやめ、文学とはどのようなものかについて自分の頭で考え、自分の心で感じ、自分でその答えを創り出していったわけですから、彼はまさしく「自分に由る」生き方に目覚めた人だったのです。

「自分に由る」ということは、既成の理論や常識にしばられることなく、その枠を超えて自由に考え、自由に感じ、そして独自のものを生み出していくということです。これは創造性や独自性を育む生き方でもあります。

実際、この「自分に由る」生き方は、漱石自身の創造性や独自性を育んだだけでなく、門下生たちにも受け継がれて、彼らの創造性や独自性をも育むことになっていきました。


漱石の門下からは、漱石山脈と呼ばれるほど、日本の学問や芸術に大きな貢献をした人物がたくさん出ています。

その顔ぶれは、鈴木三重吉（児童文学者）、芥川龍之介（小説家）、和辻哲郎（哲学者）、寺田寅彦（物理学者、随筆家）、安倍能成《よししげ》（教育者）、小宮豊隆（評論家）、森田草平（小説家）、中勘助（小説家、詩人）、久米正雄（小説家、劇作家）、松根東洋城（俳人）など、錚々《そうそう》たるものです。

彼らは漱石の「自分に由る」生き方を受け継ぎ、自分の考えたことや感じたことを拠りどころにして、それぞれ独創的な仕事を成し遂げたのです。

さて、ここで現代に目を向けてみましょう。

私たち現代人は、膨大な量の情報や知識に囲まれています。そして多くの人は、それらを処理したり覚えたりすることに忙しくて、自分の考えを深めたり、自分の心の声に耳を傾けたりする暇がないようです。また、既成の知識や常識にしばられて、自由な発想ができなくなっている人も多いと思われます。

ですが、問題なのは、情報や知識が多いことではありません。どんなに多くの情報や知識に囲まれていても、自分を拠りどころにして自由に生き、創造性や独自性を発揮していくことは可能です。

ではなぜ、そのような生き方をしている人が少ないのでしょうか。私たち現代人が、真の自由を獲得し、創造性や独自性を存分に発揮して生きるためには、どうすればいいのでしょうか。

まず、次の事実に気づく必要があると思います。

それは、現代人の多くが、子ども時代に自由な生き方を見失ってしまっているということです。子どもとして育っていく過程で、自分を拠りどころにできなくなり、創造性や独自性を抑えるような生き方を身につけてしまうのです。


近年、「子どもたちの〝生きる力〟が低下している」という言葉をよく聞きますね。では、「生きる力」とはどんな力なのでしょうか。

いくつかの要素が考えられますが、最も本質的なところで定義するならば、「生きる力」とは、「自分で決める力」つまり「自分を拠《よ》りどころにして生きていく力」です。そしてそれは、「自分らしい幸せな人生を実現していく力」でもあります。

そういう意味で、たしかに今の子どもたちの「生きる力」は、大きく低下していると思うのです。

生きる力をどのように育むか

ここで、子どもがどのようにして「生きる力（＝自分で決める力、自分を拠りどころにして生きていく力）」を育んでいくかについてお話ししたいと思います。

この話は、大人である私たちが、自らの「生きる力」を育んでいくにはどうすればいいのかについて考えるうえでのヒントにもなります。

行動の動機という側面からお話ししましょう。人が行動を起こす動機には、外発的動機と内発的動機があります。

外発的動機とは、何らかの外的な目的を達成するために行動しようとすることです。たとえば、「親に褒めてもらうために勉強する」とか、「教師に叱られたくないから宿題をやる」とか、「資格試験に合格するために本を読む」などが、外発的動機による行動です。

一方、内発的動機とは、内から生じる興味や関心によって行動しようとすることで、その行動をすること自体が目的になります。たとえば、「遊びたいから遊ぶ」とか、「本を読むこと自体が楽しいから本を読む」などが、内発的動機による行動です。私たちが趣味などに没頭しているときは、内発的動機にもとづいているわけです。


内発的動機から行動するとき、エネルギーがあふれるように湧いてきて、私たちは高い集中力を自然に発揮することができます。また、それ自体が、とても楽しくて幸せな体験でもあります。

そして、子どもの生きる力を育んでいくうえでも、この内発的動機によって行動するという経験の積み重ねがとても重要になってきます。

子どもは、内発的動機によって行動するとき、自己決定感という感覚を強く感じます。自己決定感とは、「他者に左右されることなく、自分自身で決めている」という感覚です。

外発的動機が、外側からの刺激や条件によって左右されてしまうのに対して、内発的動機は、自分の内なる興味・関心にもとづいているため、外側からの刺激や条件に左右されません。そのため、内発的動機によって行動するとき、子どもは「自分自身で決めている」という自己決定感を強く味わうのです。

内発的動機による行動をするたびに、子どもは自己決定感を強く感じ、そしてそれがくり返された結果、「自分の人生は自分自身が創っている」「自分の人生の主役は自分である」という主体的な感覚が育まれます。

この感覚が、子どもの生きる力の土台になるのです。

また、子どもは、内発的動機によって行動するとき、「それをやってみたい」という自分の内なる声とつながっています。

この内なる声とつながって行動するという経験を積み重ねることによって、子どもは、自分という大地にしっかり根を張り、「自分は何が好きなのか？」「自分はどんなとき喜びを感じるのか？」「どんなとき幸せを感じるのか？」という問いに対する自分なりの答えを、実感として持てるようになります。

この実感こそが、ものごとを決めるときの確かな基準に、つまり自分軸になるのです。そしてこの自分軸が、子どもの生きる力を支えるのです。

また、子どもは、内発的動機によって行動することで、やりたいことをやるときの満足感・幸福感を存分に味わいます。そして、この幸せな体験が、子どもの自己肯定感を強化し、子どもの生きる力を伸ばすのです。

さて、ここまでのところをまとめると、「内発的動機による行動をたくさんすることによって、子どもの生きる力が育まれる」ということになりますが、これはつまり、「日々の遊びによって、子どもの生きる力が育まれる」ということです。

子どもの内発的動機による行動の中心は遊びだからです。

幼児期、児童期、青年期と成長していくにつれて、遊びの質や内容は変わっていきますが、子どもは、そのときの自分に合った遊びをちゃんと見つけます。

たとえば中・高校生くらいの子どもが、とりとめのない話題で友達と話し込んだり、好きな音楽を聴いて楽しんだり、好きな楽器の演奏に没頭したり、好きな本を読みふけったりするのも、その子にとっての大切な遊びなのです。

子どもにとっての遊びは、大人から干渉されることのない活動です。子どもは遊びの中で、自らの「やってみたい」という興味や関心にしたがって、「自分で決める」「自分で選ぶ」という体験をたくさんし、生きる力を育んでいくのです。

以上、子どもの生きる力を育むためのお話をしましたが、この話はもちろん、大人にも当てはまります。

大人の方で、「自分の生きる力を伸ばしたい」とか「子ども時代をやり直したい」

と思う方は、ぜひ、内発的動機による行動を増やしてみてください。心が喜ぶこと、好きなこと、ワクワクすることに時間を使ってみてください。

ここで、平安時代の歌謡集『梁塵秘抄《りょうじんひしょう》』の中から、私の好きな歌の一節を紹介したいと思います。

遊びをせんとや生れけむ、戯れせんとや生れけん、遊ぶ子供の声聞けば、我が身さへこそ動《ゆる》がるれ

「私は遊ぶために生まれて来たのだろうか。戯れるために生まれて来たのだろうか。遊んでいる子どもの声を聞いていると、私の身体さえも動きだしてしまう」といった意味です。

私たちは遊ぶために生まれてきたのかもしれませんね。というか、人生そのものが壮大な遊び《ゲーム》なのではないでしょうか。

自分を縛っているものの正体

あらためて、現代の子どもたちに目を向けてみましょう。子どもたちは、生きる力を十分に育むことができているのでしょうか。存分に遊ぶことができている幸せな子どもは、かなり少ないのではないでしょうか。

昔は、公園や里山や空き地で、日が暮れるまで子どもたちの遊び声が聞こえました。私も子どものころは、毎日、暗くなるまで遊びました。小・中学校時代はドッジボールや草野球などをして、友達との外遊びに明け暮れました。高校時代は対人恐怖症になって苦悩しましたが、家でロックを聴いたり、エレキギターを弾いたりするのが私の毎日の遊びでしたし、それが私を支えてくれました。

一方、現代の子どもたちは、遊びたい欲求をずいぶん抑圧しているように見えます。内発的動機による行動を抑え込んでまで、外発的動機による行動（たとえばテスト勉強や受験勉強など）に時間を費やしているように見えるのです。

今の学校教育の制度では、既成の知識をいかに正確に理解し覚えるかということに、子どもたちは多くの時間を費やさざるをえません。そのため、内発的動機による日々の自由な選択の機会を失っています。つまり、生きる力を育む貴重な機会を失っているのです。

そのような観点から、前々節で、「現代人の多くが、子ども時代に自由な生き方を見失ってしまっている。自分を拠りどころにできなくなり、創造性や独自性を抑えるような生き方を身につけてしまう」と述べたわけです。

本来、子どもというのは、好奇心にあふれていて、さまざまなものに対して興味・関心を抱く存在です。自らの内なる声に耳を傾ける力もちゃんと持っています。

ところが、子どもが自分の内なる声にしたがおうとしても、それを大人が邪魔してしまうことが多いのです。

もちろん、大人のほうも悪意があるわけではありません。それが子どものためになると信じて、「将来のために勉強しなさい」「遊びは我慢して塾に行きなさい」などと言うわけです。

実は、大人たちにそのように言わしめているものが、背景にあるのです。それは、現代という時代の社会通念です。

社会通念とは、ある社会の中で多数の人々に共有されている考え方のことです。人間の歴史を振り返ってみると、どんな時代にも、その時代特有の社会通念があることがわかります。

ある時代に当たり前のように信じられていた常識や、大多数の人が自然にやっていた風習が、現代人の私たちからすると、とても奇妙なものに思えたりします。

当時の人は何の疑問も感じていなかったことなのに、私たちには違和感が感じられるわけです。それは、当時の社会通念と現代の社会通念が違うからです。

現代社会にも数々の社会通念というものがあって、私たちは無意識のうちに、その社会通念の影響を受けています。そして、この現代の社会通念の多くも、未来の人たちからみれば奇妙なものに思えることでしょう。

未来の人が歴史を学ぶときに、「二十世紀から二十一世紀にかけての日本では、『…………』といった社会通念を人々は信じていたようだ。滑稽だね」などという感想を漏らすかもしれません。

もしも私たちが、自分を拠りどころにして自由に生きていきたいと願うなら、まず、この社会にどのような社会通念や常識が浸透しているのかに気づく必要があります。なぜなら私たちは、無意識のうちに社会通念や常識に縛られていて、それが自由な生き方の妨げになっている可能性があるからです。

そのような縛りから解放されたいと思うなら、まず「何が自分を縛っているのか」に気づく必要があるのです。

自分が生きてきた環境を外から俯瞰し、「この社会の中では、どのような社会通念や常識が信じられているのか」「それらは、本当に真実なのか。幸せな人生をもたらすものなのか」「自分はそれらに、どのくらい影響を受けているのか」などについて洞察することが大切なのです。

もちろん、社会通念のすべてが私たちの自由な生き方を縛っているというわけではありません。まず、どんな社会通念があるのかに気づき、そのうえで、それらを検証することが大切です。

そして、役に立つ社会通念は大いに大切にすればいいし、また、自分の幸せを妨げる社会通念があれば、その縛りから自由になることもできるのです。

個性はどこで失われるか

かつて高度成長時代に一般的だった社会通念に次のようなものがあります。

「学校の勉強に真面目に取り組み、受験勉強を頑張って、高学歴を獲得することが、子どもの将来のためになる」

この一文を読んで、「この考え方は、今となっては通用しないよ」と思う方もおられるでしょうし、「この考え方は今でもある程度通用する」と思う方もおられるかもしれません。

この一文に表現されている考え方は、現代の社会通念です。ただし、高度成長時代にはかなり多くの人が信じていたことですが、今では、この考え方に賛同する方とそうでない方とに二分されるのではないでしょうか。

このことについて考えるうえで、参考になりそうな話を紹介します。まず、斎藤一人さんが『眼力』という著書の中で、次のように述べています。

「日本で一番最初に、養鶏場をはじめた人がいます。その人は、はじめ、ニワトリをオリのなかに入れて飼育したんですけれど、オリのなかのニワトリ、どうなったと思います？　卵を産まなくなっちゃったんです。（中略）

ニワトリは庭に放し飼いにされて、自由に好きなところを歩いてて、朝になるとコケコッコーとか、鳴いてました。それを、オリに入れられたものだから、ニワトリはストレスを感じて、卵を産まなくなってしまったのです。そのとき、日本で一番最初に養鶏場をはじめた人は何をしたかというと、ヒヨコのときからオリに入れておいたのです。そうすると、オリのなかの生活がなれっこになって、バンバン卵を産むようになるのですね」

そして斎藤一人さんは、今の学校教育がこの養鶏場と同じだと述べています。

「英語の授業を一時間やったら、一〇分休み。数学を一時間やったら、一〇分休み。その繰り返しです。（中略）生徒はじぃーっと、じぃーっと、がまんする訓練をしているんです。（中略）要するに、おもしろくない仕事でも、黙々とやる。そのための訓練をさせられているんだと、私はいいたいのです」

「本来、人間というのは、同じ作業をじぃーっとやりつづけることができません。ふつうは飽きてしまいます。（中略）学校で生徒の自由を許さなかったのは、安定して品質のいいものを大量に生産するための訓練だったんです。ヒヨコの時期からオリに入れて飼育するように、人間も七つぐらいで小学校に入れられて、ずぅーっと、おもしろくない授業を聞いて、馴《な》らされているんですよ。（中略）みんなの個性を殺して、人間を機械みたいにさせていたんですよね」

ちなみに斎藤一人さんは、中学校を卒業後、さまざまな職を経て実業家になり、成功して納税額日本一になった方です。社会の中に当たり前のように存在していて、多くの人が疑問を感じていない教育制度に対して、このように俯瞰できる自由な視点を持っておられることが、斎藤さんの成功の要因の一つだとも思えます。

また、社会制度に詳しい堺屋太一さんは、著書『大激震』の中で、次のように述べています。

「戦後日本経済が大成長したのは官僚主導、業界協調体制で規格大量生産体制を実現したからです。これには金融政策や産業経済政策はもちろん、地域構造政策や教育政策まで動員されました。

特にここで注目すべきは教育です。日本の教育は規格大量生産に役立つ人材を育てることを目的としているのです。では、どんな人材が規格大量生産に適しているのか。

第一は辛抱強さ、第二は協調性、第三は共通の知識や技能を持つこと、そして第四には個性と独創性がないことです。戦後の教育では個性は『不良』、独創は『我流』といって抑制されました。（中略）

個性も独創性も乏しく、受験勉強で共通の知識や技能を叩き込まれた者だけが、一流大学を卒業して大企業や官庁に入りました。
一方、個性と独創性に富んだ者は大抵、受験で落ちるか、職場で嫌われるかで落ちこぼれました。その人たちが活躍できた分野は三つ。劇画アニメーション、流行の音楽、そしてゲームソフトです。日本の優れた個性と独創力は、この三つの分野に多く集まりました。このため、この三つだけは日本が世界を圧倒しています」
「日本経済の主流である官庁や大企業には、個性と独創力の乏しい受験秀才が集まりました。彼らは規格大量生産体制の確立に貢献し、この国を世界で最も規格大量生産の上手な国にしました。（中略）
世界の文明は大きく変わりました。物量の豊かなことが幸せと信じる近代工業社会から、満足の大きいことが幸せと考える知価社会へと変わったのです。（中略）主観的な満足を大きくするには個性と独創性が必要です。受験秀才にはできません。このため、日本は新しい知価社会に立ち遅れてしまいました」

今や個性と独創性が必要とされる時代になったと堺屋さんは述べています。しかし、今の日本の教育制度では、そのような資質が育たないというのです。

かつてソニーの取締役として多くの社員を見てこられた天外伺朗《てんげしろう》さんは、著書『「生きる力」の強い子を育てる』の中で次のように述べています。

「私は、ソニーに四二年間勤務し、おびただしい数の従業員に接してきたが、一流大学を優秀な成績で卒業してきても、勉強ばかりして遊んでこなかった子は、企業ではほとんど役に立たないことを断言できる。（中略）

逆に入社してから活躍する人は、趣味やクラブ活動やボランティア活動などを通じて、知識や学力とはまったく異質の『何か』を身につけている。それは、自らを常に磨く力であり、集団の中における適切で調和的な立ち位置を確保し、人生を楽しみ、目的を定め、挑戦し、自己実現にむかう力だ」

「幼いうちから面白くもない勉強を強制され、ペーパーテストの世界にさらされた子どもたちは、きわめていびつで『生きる力』の乏しい大人に育っていく。（中略）本当は、十二歳を過ぎるまで、一切のペーパーテストにさらさないほうがよい」

ご自身の経験に加えて、脳科学的な観点にもとづいて提言される天外さんの言葉は、とても説得力があります。

そして、あとお一人だけ紹介するなら、大前研一さんが著書『大前家の子育て』の中で、「学校の成績が優秀な子ほど、将来が心配」「『成功者列伝』を見ると、学校秀才はほとんどいない」と述べています。

以上、「学校の勉強に真面目に取り組み、受験勉強を頑張って、高学歴を獲得することが、子どもの将来のためになる」という社会通念に疑問を投げかけるべく、何人かの方の著書から、私がとても共感したところを紹介しました。

ですが私は、学校の勉強を全面的に否定したいわけではありません。

学校の勉強の中から好きな科目を見つけ、将来はその知識を生かした職業に進んでいく子もいるでしょう。また、かつて受験秀才だった方の中にも、その後の人生で創造性や独創性を磨く機会を創り出し、今はクリエイティブな生き方をされている方もおられると思います。

私がお伝えしたいことは、「道は無数にある」ということです。

しかし、「学校の勉強に真面目に取り組み、受験勉強を頑張って、高学歴を獲得することが、子どもの将来のためになる」という社会通念を鵜呑みにしてしまうと、幸せな人生を実現するための道が一本しかないように錯覚してしまいます。

そして、そのような人生観を持った親は、「子どもは勉強を頑張ればいい。それが子どもの進むべき道だ」という考えで子どもに接するので、子どもの興味や好みを無視してしまいます。これは、内発的動機による選択の機会を子どもから奪うことでもあるし、さらには、子どもの生きる力や個性を育む機会を失うことにもなってしまうのです。

人は葛藤を通して成熟する

私はコーチングの仕事を通して、たくさんの経営者の方をサポートしてきました。コーチングの中で扱う話題は多岐にわたりますが、学生の採用に関する話もずいぶんうかがってきました。そのような経験から、今、個性的・独創的な人材を欲している経営者が増えていることを実感しています。

たとえば私が、どんな学生を採用したいかをたずねたときに、「既存の制度やルールに囚われない、独創性のある人」「大きな挫折を経験していて、そこから這い上がってきた人」「これまで他人と違うことをいろいろやってきた、ユニークな人」などのように答える経営者、つまり、個性や独創性のある人材を欲している経営者が増えているのです。

ところで、ある経営者の方から、次のような話をうかがったことがあります。ご本人の了解も得たので紹介します。

「息子（中学生）のテストの成績があまりにもひどかったので、私の中に焦りや不安が湧いてきて、『もっと勉強しなさい。遊んでばかりいないで、塾に行ったらどうだ』などと言ってしまいました。

私は経営者として、個性的でクリエイティブな人材を採用したいと思っているし、また、息子にもそんな人間になってほしいと願っています。そのためには、自由にのびのびさせてやったほうがいいこともわかっています。学校の勉強よりも、好きなことを存分にさせてやったほうがいいに決まっています。

だけど、なぜか子どもの成績を見ると、焦りや不安が湧いてきて、勉強させたくなってしまいます。何のために勉強させたいのか、自分でもわからないのですが、なぜだか自動的に『勉強しなさい』って言ってしまうのです」

これは多くの親に共通する心理ではないでしょうか。実際、多くの親は、「一流大学に進学して、一流企業に就職できたとしても、それで幸せになれるというわけではない」ということや「人間の幸せは、学力や学歴とは関係ない」ということを知っているのに、わが子のテストの成績が悪いと、なぜだか焦りが湧いてきて、「もっと勉強しなさい」と言いたくなってしまうのです。

私たちは、六、七歳のころから、くり返しペーパーテストを受け、自分を数字で評価されてきました。そして、「よい成績を取ることが重要なことだ」という空気に満ちた環境の中で大人になりました。その結果、自分でも気づかないうちに、「よい成績を取ることが重要なことだ」という社会通念を信じ込んでしまったのだと思います。

そのため、本当はわが子をのびのびさせてやりたいのに、なぜか「勉強しなさい」と言ってしまったり、個性的な人間になってほしいのに、なぜか個性を抑える方向に指導してしまうのだと思います。

つまり私たちは、気づかないうちに、社会通念によって動かされているのです。もちろんこれは、教育に限ったことではありません。さまざまな社会通念が私たちの無意識の中にまで浸透していて、私たちが自由に発想するのを妨げたり、私たちが心の声を聴くのを妨げてしまっている可能性があるのです。

だからこそ、自分を拠りどころにして自由に生きたいと思うなら、自分がどんな社会通念の影響を受けてきたのかに気づき、自分を縛ってきた社会通念に対して適度な距離を置くことが大切なのです。

そしてそのためには、自分の頭で考えること、疑問を持つこと、矛盾を抱えて葛藤すること、そして、自分の心の声を聴くことが大切です。

多くの人が当たり前のように従っている考え方や常識に対して、それを鵜呑みにしたり、それに従順にしたがったりするのではなく、疑問をぶつけ、自分の頭で考えてみる。何かの矛盾と直面したときは、安易に割り切るのではなく、その矛盾を抱えて、葛藤してみる。こうしてとことん考えつつも、常に自分の心の声に耳を傾ける。心の中のワクワクや違和感を大切にする。

このようなプロセスをくり返すことによって、「自由に生きていく力（自分を拠りどころにして生きていく力）」が育まれ、自分軸が確立され、自分を縛っていた社会通念から自由になっていくのです。

以上のようなテーマを扱ったものに『いまを生きる』という映画があります。この映画の中で、名優ロビン・ウィリアムズが演ずる教師のキーティングは、教科書の一部を破り捨てるよう、生徒たちに指示します。

その教科書には、詩を評価する方法についての、権威ある博士の文章が掲載されていたのですが、キーティングはこう言い放ちます。

「こんなのはクソっくらえだ。みんな自分の力で考えるんだ。自分で詩を味わうんだ」

また、他の場面でキーティングは、こんなことも言います。

「本を読むとき、作者の意図よりも、自分の考えを大切にするんだ。君ら自身の声を見つけることだ」「君自身の歩き方を見つけろ。自分だけの歩みを、自分だけの方向を見つけろ」

このようなキーティングのメッセージから、今を生きることの素晴らしさを感じ取った生徒たちは、次第に、親や学校の期待に縛られない、自由な生き方を望むようになっていきます。

私はこの映画を観たときに、「このような素晴らしい教師に出会った生徒たちは幸せだな」と感じましたが、実際、今の日本にも、このような素晴らしい教師の方はたくさんおられます。

教育制度に疑問を感じつつ、「子どもの将来のために自分のできることは何か」を考え、ベストを尽くしておられる教師の方たちを私は何人も知っています。教育の現場にこのような方たちがおられることはとても心強いことです。しかし、その方たちも、融通が利かない教育制度との板挟みで葛藤しておられます。

このことに関連して紹介したいのが、内田樹《たつる》さんの著書『街場の教育論』です。この本の中で、内田さんは次のように述べています。

「教員はその時代の支配的価値観と齟齬《そご》する考え方の人がいい。（中略）今の社会を支配しているイデオロギーに完全には同意しないし、完全に反対するわけでもなく、その中で引き裂かれている先生。（中略）それが『よい先生』です」

教育者は自ら矛盾を抱えているべきだと、内田さんは述べています。矛盾を抱えている教育者は、子どもを葛藤させる存在でもあり、それでこそ子どもが育つからです。「成熟は葛藤を通して果たされる」のです。

内田さんの言葉は、子育てをされている方や教育者の方にも参考になると思いますが、私たち自身が「自由に生きていく力」を養っていくうえでも参考になると思います。

私たちは葛藤を通して成熟していくのです。なにごとも安易に割り切るのではなく、存分に葛藤していきたいものですね。

ものごとを「正しいか間違いか」で考えない

葛藤について、もう少しお話ししたいと思います。

人は誰でも心の中に相反する要素を持っています。たとえば「変わりたいけど、変わりたくない」とか、「チャンスに賭けたいけど、リスクを冒したくない」とか、「自分をアピールしたいけど、目立ちたくない」など、さまざまな矛盾を抱えているのです。そしてそれゆえ、人は葛藤します。

葛藤することは楽なことではありません。そのため私たちは、「早く答えを得て、葛藤から解放されたい」などと思ってしまいがちです。

特に現代は、インスタント志向や効率主義志向の時代です。「迷ったときは、○○なほうを選べばいい」といったような万能の基準を求める人も多いようです。

たしかに、そんな万能の基準を持っていれば、葛藤したり、考え抜いたりしなくていいですね。どんな問題に直面しても、すぐに割り切って考えることができるので、とても楽です。

つまり、その万能の基準に照らして、ものごとを「正しいか間違いか」「○か×か」「善いか悪いか」の善悪二元論（二分法）で判断すればいいわけです。

そして、このように善悪二元論で割り切って考えるなら、「悪い」と判断したことはすぐに排除すればいいので、あまり悩まなくてすみます。つまり、一種の思考停止状態になるので、葛藤を避けることができるわけです。

モルデカイ・モーゼという人がいます。アメリカのフランクリン・ルーズベルト元大統領のブレーンとして活躍し、対日戦後処理の立案にも参画した人です。

彼が戦後三十年あまり経って書いた著書に『日本人に謝りたい』がありますが、その中で彼は、「戦後日本の教育界に、○×式思考法（善悪二元論）が人為的に持ち込まれた」ということと、「この○×式思考法は創造的能力を奪う」ということを明かし、そして「日本人は日常のあらゆる面でこの思考法にはまっている」と指摘しています。

私たちの人生に起きるさまざまな出来事や問題は、複雑で、混沌としていて、安易に割り切ることができません。人生というのは正解のない世界です。数学の問題のように、正解か不正解かをはっきり区別できる世界ではないのです。

にもかかわらず、ものごとを善悪二元論で捉えてしまうと、「正しいか間違いか」「○か×か」「善いか悪いか」という考え方しかできなくなってしまいます。そしてその結果、「何が正解なのだろうか。自分の判断は間違っているのではないだろうか」と不安になるため、選択したり決断したりするのをためらうようになるし、また「正解を教えてほしい」という依存的な発想にもなってしまうため、創造的なアイデアや解決策が出てきません。

田坂広志さんの言葉に、「真の知性とは、正解のない問いを一生かけて問い続けていく力である」というものがありますが、この言葉の示すとおり、人生を切り開いていく知性とは、一つの正解が用意されている問題を正しく解く力ではなく、正解のない問いに対して自分なりの答えを探究し続けていく力なのです。

私たちは、自らが抱える矛盾に気づき、そこと向き合って葛藤し、自分なりの答えを自分で見つけ出していく必要があるのです。

そして、そのような葛藤のプロセスをゲームのように楽しめるようになると、これはもう、人生の達人といえるのではないでしょうか。つまり、人生の達人とは、悩んだり葛藤したりすることがなくなった人ではなく、それらを楽しめるようになった人だと思うのです。

自由を獲得するための三段の変化

ニーチェが著書『ツァラトゥストラ』の中で、「精神の三段の変化」について述べています。自分らしい人生を自由に創造していけるようになるために、人の精神は、「ラクダ」「獅子（ライオン）」「幼子《おさなご》」の三段の変化を経る必要があるというのです。

最初の段階はラクダの精神です。これは、自ら求めて重荷を背負い、それに耐えて歩く精神、つまり、与えられた既存の価値観に従順にしたがい、権威の奴隷になることにあまんじる精神です。この精神は、重荷を背負ったラクダが砂漠へ向かうように、精神の砂漠へと向かいます。

そして、荒涼たる砂漠において、ラクダは獅子へと変化します。獅子とは、自らの意志に目覚めた精神のことで、自由を獲得するために、既存の価値観を打ち破ろうとします。「汝なすべし」と命令してくる竜（権威や社会通念の象徴）に対して、獅子はそれを否定し、「われ欲す」と叫んで対決するのです。

自分を縛っていたものを打ち破り、自由を獲得した獅子は、幼子に変化します。幼子とは、無垢な心で遊ぶ子どものような精神です。この段階においては、もはや否定の精神は必要なく、無心になって遊びに興じることにより、新しい価値を自律的に創造していくようになります。

以上が「精神の三段の変化」であり、これによると、私たちは幼子の精神に至ることによって、自分らしい人生を自由に楽しく創造していけるようになるわけです。そして、その段階に至るためには、二番目の獅子の段階を経る必要があるというところが、重要なポイントです。

ラクダから一足飛びに幼子へは行けないということです。自由で創造的な人生を実現するためには、その前に、獅子の否定の精神を発揮して、自分を縛ってきたものを打ち破る必要があるのです。

子どもの反抗期の心理も、ニーチェの言う獅子の精神に通じるものがあります。特に第二反抗期（小学校高学年から高校生のころに起きる反抗期）の子どもは、親を全面的に否定するような言動をしますね。親の価値観や生き方を批判し、親のアドバイスを拒否し、「やってほしくない」と親が思っている行動を率先してやったりします。

この時期に、しっかりと反抗し、親に対する否定のプロセスをちゃんとやり切ることは、子どもが心理的に自立していくうえで、とても重要です。

子どもは、生まれて以来、「親が信じていること」を教えられて育ちます。それは、自我が芽生える前の乳児期から始まり、その後も幼児期、児童期とずっと続いていくわけですが、子どもは自我を確立できていないので心理的に無防備です。与えられる教えをそのまま受け入れるしかないのです。

たとえば、「人に嫌われないように生きるべきだ」「将来のためには、遊ぶのを我慢して勉強する必要がある」「いい成績を取ることが大事」など、さまざまな教えを子どもは受け取り、それらの教えに全面的に依存して育ちます。

もちろん、親から教えられたことの中には、幸せに生きていくうえで役立つものもありますが、逆に、幸せな生き方や自由な生き方を妨げるものもあります。

そして、その取捨選択をできるようになるためには、一旦それらを否定し、それらへの依存状態から抜け出して、それらと適度な距離を取る必要があるのです。

しかし、それまで全面的に依存してきただけに、それらの教えの呪縛は強力です。よほど強いエネルギーがないと、その呪縛からは抜け出せません。そこで反抗期には、怒りの感情をともなう強い否定のエネルギーが必要なのです。

というわけで、子どもの反抗期は、親からしてみると非常に大変な時期ではありますが、子どもが心理的に大人になっていく過程で、とても重要な意味を持つ時期でもあるのです。

もちろん、私たちが精神的な自由を獲得していくプロセスは、反抗期に完了するわけではありません。

親から与えられた教えや価値観だけでなく、無意識のうちに取りこんだ社会通念や常識なども含めて、自分がこれまで信じてきたことをあらためて客観的に見つめ、検証していくことは、大人になってからも時間をかけて取り組んでいくべき大仕事なのです。

そしてそれは、決して楽なことではありません。

それまで依りかかってきた考えや価値観に対して、「自分が望む人生を実現するうえで妨げになっていないだろうか？」と疑問を投げかけ、自分の頭で一から考え、自分の責任で選択をしていこうとしたとき、私たちは大いに葛藤することになります。またその葛藤は、ときに不安や孤独感をともないます。

つまり、「自由に生きる」ということは、「自分で考え自分で選択することにともなう不安や孤独感を引き受けて生きる」ということでもあるのです。

このことについて考えるうえで、エーリッヒ・フロムの著書『自由からの逃走』が大変参考になります。フロムによると、自由にともなう不安や孤独感に直面したとき、私たちには二つの道がひらかれます。一つは積極的に自由に進む道です。これは、一人の自立した人間としての自分を大切にしながら、真の自由を勝ち取っていく道です。そしてもう一つの道は、自由を放棄し、自分の外側の権威に服従する道です。

後者の道を選ぶ人の傾向、つまり、自由を放棄し、権威に服従してしまう人の傾向を、フロムは権威主義的パーソナリティと呼んでいます。

これは、外側の秩序や権威に依りかかることによって、自由な生き方にともなう責任、葛藤、不安、孤独感などを避けようとするものです。そして、その代償として、自由を失い、自らの力と誇りを投げ捨てることになってしまいます。

では、どんな権威に依りかかるかというと、社会通念のような〝目に見えない権威〟に依りかかる場合もありますが、カリスマ的な人物に依存する場合もあります。そのような人物からの指導に従順に従うことで、自分自身で考え、葛藤し、決断することから逃れようとするわけです。

人は不安が強ければ強いほど、自分で考えて決めることのプレッシャーから逃れたくなり、明確な答えを与えてくれる人物を求めるようになりがちなのです。

また、フロムによると、権威主義的パーソナリティの人は、他者を支配しようとする傾向も持っています。権威に服従する人は、自分が親とか教師とか組織のリーダーなどになると、こんどは相手（子ども、生徒、部下）を服従させたくなるのです。
これは、不安や孤独感から逃れるための依存の心理です。つまり、自分が権威に服従しているときは、その権威に依存し、自分が他者を服従させる側になったときは、服従してくれる人の存在に依存して、不安や孤独感に直面することを避けているわけです。

自らの不安や孤独感は自分で引き受け、自分の人生は自分で創造していく。そんな覚悟を持って生きたとき、私たちは、他者に対する執着からも解放され、真の自由を獲得できるのです。

孤独を楽しめる人は幸せな恋愛ができる

いくつかの国の国民性を揶揄《やゆ》した有名なジョークに次のようなものがあります。

ある船に火災が発生した。船長は乗客たちに、速やかに海に飛び込むよう指示しなければならなかった。そこで船長は知恵を働かせ、それぞれの国の乗客にこう言った。アメリカ人には「飛び込めば英雄になれますよ」、イギリス人には「こういうときに飛び込むのが紳士です」、ドイツ人には「規則では飛び込むことになっています」、イタリア人には「飛び込むと女性にもてますよ」、フランス人には「飛び込まないでください」、そして日本人には「みんな飛び込んでいますよ」。

私は初めてこのジョークを聞いたとき、最後の日本人のところで苦笑いしてしまいました。「みんな」というものを過剰に意識する日本人の傾向を、見事に言い当てていると思ったからです。

自分が「みんな」と違っていると不安になり、なんとか「みんな」に合わせようとする。逆に、自分が「みんな」と同じだと安心してしまって、「本当にこれでいいのだろうか?」という疑問を抱かなくなり、思考停止状態になってしまう。そんな傾向がたしかに日本人にはあると思うのです。

つまり、日本人にとって「みんな」というのは大いなる権威なのです。しかし、この「みんな」という権威に服従してしまうと、「みんなと同じことをしていればよい」という感覚になり、自分の心の声が聞こえなくなってしまいます。「みんなはどうか」ばかりを意識するので、「自分はどう感じるか」がわからなくなるのです。自分にとって最も大切なものは何か、自分が違和感を感じているものは何か、自分にとって何が幸せなのか……、そういったことを感じるセンサーが鈍ってしまうのです。

一方、自分を拠りどころにして自由に生きるということは、「みんなと同じ」という状態に依存しないということです。そしてそれは、「みんなと同じではない自分」を意識することでもあり、孤独感をともないます。

だからこそ、自由に生きていくためには、自分の孤独感を自分で引き受ける覚悟が必要なのです。

ここで、「孤独」というものについて考えてみましょう。

「孤独」というものを「避けるべきもの」とか「みじめなもの」などのように、否定的に捉えている方も多いと思うのですが、あなたはどうでしょうか？　「孤独」という言葉にマイナスのイメージを持っていますか？

今、孤独になってしまうことを怖れるあまり、絶えず誰かとくっついているか、群れているかしないと安心できない若者が増えているようです。この現象を、心理学者の諸富祥彦《よしひこ》さんは著書『孤独であるためのレッスン』の中で「ひとりじゃいられない症候群（孤独嫌悪シンドローム）」と呼び、さらに次のように述べています。

「この症候群にかかっている現代の若者たちの最大の問題は、ひとりでいることができず、思春期・青年期の心の成長に不可欠な自己との対話がじゅうぶんになされないことです。絶えず、何かの刺激にさらされているから、自分自身を見つめることがない」

また、この「ひとりじゃいられない症候群」の影響で、最近の若者たちの恋愛に二つの傾向があることを諸富さんは指摘しています。

一つは、自分が傷つくのを怖れるがゆえに、どの恋愛にもハマれず、いずれ別れることを前提とした軽いノリの恋愛をくり返すタイプ。もう一つは、過剰におたがいを拘束し合い、その濃密すぎる関係の中でしか自分の存在感を確認できないタイプ。この二タイプに両極化しつつあるというのです。

諸富さんによると、この二つのタイプに共通するのは、「①ひとりになること、孤独になることをひどく恐れ、その不安を打ち消すために目の前の関係にすがってしまう、②自分が傷つくのをひどく恐れ、恐れるがゆえに、傷つけ合ってしまっている」の二点です。

そして諸富さんは、若者に向けて、次のように述べています。

「ほんとうの意味で自分を大切にできる恋愛をするためには、まず、〝ひとりじゃいられない症候群〟から脱却し、ひとりになること、孤独であることを引き受けなくてはなりません。ひとりになって、自分自身の心と深く対話できる人だけが、他者とも（したがって異性とも）深く対話することができるということを身をもって知らなくてはなりません。多くの若者は、そうした恋愛を体験したあとはじめて、さみしさや不安を打ち消すための恋愛が、結局、双方を傷つけるだけに終始しがちなものであったということに気づくのです」

人は、一人で心地よくいられるようになってはじめて、幸せな恋愛関係、豊かな人間関係を築いていけます。「一人になっても大丈夫」という安心感があるからこそ、相手との関係に過剰に依存することなく、自分の気持ちを大切にしながら、相手の気持ちも尊重できるような、健康的な関係を築けるのです。

一人でいられる能力の高め方

イギリスの精神分析家であったドナルド・ウィニコットが、「一人でいられる能力」という言葉を使っていますが、一人で心地よくいられるというのは、自分らしく生きていくうえで欠かせない能力です。

ウィニコットによると、この能力は、幼児期に、「母親が常にそばにいて自分のことを見守ってくれている」という安心感をくり返し体験する中で育まれます。

ですが実際は、そのような理想的な環境で育ったわけではないという方も多いのではないでしょうか。また、自らの「一人でいられる能力」をこれから育んでいく必要性を感じられている方もいらっしゃると思います。

安心してください。私たちは大人になってからでも、一人でいられる能力を育んでいくことができます。ですが、その能力の育み方についてお話しする前に、一人でいることの価値について、もう少し考えてみましょう。

思想家の吉本隆明さんが著書『ひきこもれ』の中で次のように述べています。

「(世の中には)『引っ込み思案は駄目で、とにかく社交的なほうがいいんだ』という価値観が潜在的にあります。(中略)でもその人の中身は、一人で過ごしている間に豊かになっている」

「ひきこもって、何かを考えて、そこで得たものというのは、『価値』という概念にぴたりと当てはまります。価値というものは、そこでしか増殖しません。(中略)『この人が言っていることは奥が深いな』とか、『黙っているけれど存在感があるな』とか、そういう感じを与える人の中では、『意味』だけではなく『価値』の増殖が起こっているのです。それは、一人でじっと自分と対話したことから生まれているはずです」

また、吉本さんは、「ひきこもることで『第二の言語』が育つ」とも述べています。他人とコミュニケートするための言葉を「第一の言語」と呼ぶならば、「第二の言語」というのは、自分にだけ通じる言葉です。自分の内面と対話するための言葉であり、自分が発して自分自身に価値をもたらすような言葉であり、自分の内臓に響いてくるような言葉のことです。そして、この第二の言語は、一人で過ごしている間に育つのです。

実際、吉本さんご自身もひきこもり症でした。だからこそ思想を深めることができたし物書きにもなれた、と吉本さんは述べています。

ひきこもることによって自らの思想を深めた人というと、前述した夏目漱石もそうですね。

漱石は三十三歳のときロンドンに留学し、そこで下宿にひきこもったのですが、その期間に「自己本位」ということに目覚め、自らの思想の土台を築きました。

私のケースも紹介しますと、私は高校一年から大学一年までの約四年間、対人恐怖症に悩みました。対人緊張が激しくて、自分の殻に閉じこもらざるをえなかったのです。

当時は、人生の意味がわからなくなって虚しさに襲われ、その苦悩からなんとか逃れたくて、ずいぶん自分と対話しました。とてもつらい時期ではありましたが、今にして思えば、あの時期に自分の内面がずいぶん深まったことは確かですし、それが今の私の考え方の土台になっていると感じます。

以上、一人になることの素晴らしさについてお話ししましたが、あなたも意図的に一人で過ごす時間を創り出してみてはどうでしょう。

一人の時間は、とても豊かで贅沢な時間です。「誰にも気を使わなくてよい、自分のためだけの時間」であり、「他者との人間関係から解放されて、自分の心の声に耳を傾けることができる時間」であり、「自分と深くつながり、自分が自分であることを実感し、本来の自分に立ち戻ることができる時間」なのです。

そして、一人の時間を楽しめるようになると、一人でいられる能力が高まってきます。積極的に孤独を楽しめるようになるにしたがって、一人でいられる能力が育まれるのです。

なお、一人で過ごすと決めた時間は、携帯電話やパソコンのスイッチを切って、メールやインターネットなどで人とつながらないようにすることがポイントです。かといって、「自分と対話しなければならない」などと気負う必要はありません。まずは自分にとって最も心地よい過ごし方を探してみることです。

好きな音楽を聴くのもいいし、興味のある本やマンガを読むのもいいし、DVDで映画を観るとか、コーヒーやお茶を楽しむとか、日記を書くとか、あるいは、ぼーっとして何もせずに過ごすのもいいですね。こうして一人の時間を自分流に楽しめるようになると、一人でいられる能力が育まれ、自分の内面との対話も自然に起きてくるのです。

ここで、高浜虚子《きよし》の俳句を一句紹介します。

虚子一人 銀河と共に 西へ行く

私はこの句から、一人というものの豊かさを感じます。人は一人で生まれてきて、一人で死んでいきますが、しかし、私たち一人ひとりは深いところで、宇宙とつながって生きているのだと思います。大自然に抱かれて生きているのだと思います。

銀河とともに、宇宙とともに、大自然とともに、孤独の時間を楽しもうではありませんか。

もちろん、孤独を楽しむというのは、孤立して生きるということではありません。孤独を楽しめる人は、人間関係も楽しめるのです。

第三章　地に足をつけて新生する

「自分は何者なのか」を決めるもの

この章では、「自分づくり（自我の確立）」の三つ目の側面（P.16の〈三〉参照）についてのお話、つまり、「心理的に大人になるために必要なプロセス（心理的な通過儀礼）をクリアし、現実に根を張って生きることができるようになるためにはどうすればいいか」というお話をします。

では、アイデンティティについての話から始めましょう。このアイデンティティというのは、「自分は何者なのか」という問いの答えであり、「これこそが自分である」という感覚です。

ちなみに、英語で身分証明書のことを「アイデンティティ・カード（IDカード）」といいますが、これは自分が何者であるかを証明するカードという意味です。

宮崎駿《はやお》監督の映画に『千と千尋の神隠し』があります。この映画の中で主人公の千尋《ちひろ》は、雇い主である湯婆婆《ゆばあば》から千尋という名前を奪われ、「今からお前の名前は千《せん》だよ」と言われます。別の名前を与えられたのです。

そしてその結果、千尋は自分の本来の名前を忘れかけ、湯婆婆の支配下から逃れられなくなるところだったのですが、ある人物のおかげで名前を思い出し、最後は湯婆婆の支配から解放されます。

他人から与えられた名前をあまんじて受け入れるのではなく、自らの本当の名前を取り戻すことで、他人の支配から抜け出すことができたのです。

この物語において主人公の名前は、彼女のアイデンティティを象徴するものだとも思えます。つまり彼女は、「おまえは千という名の忠実な使用人だ」という与えられたアイデンティティを受け入れるのではなく、「私は千尋という一人の独立した人間である」というアイデンティティを自分で取り戻したのです。

続いて、鎌倉時代の仏教僧である親鸞（浄土真宗の宗祖）の生き方を見てみたいと思います。

彼は元々、善信《ぜんしん》という名の僧として法然（浄土宗の宗祖）の門下にいました。ところが、ある事件によって法然の教団は解散させられ、法然や善信を含む八名が流罪《るざい》となったのです。

このとき善信は、僧侶としての資格を奪われて、藤井善信《よしざね》という俗名《ぞくみょう》を与えられました。しかし彼は、与えられた俗名を名乗らず、自ら「愚禿《ぐとく》親鸞」と名乗りました。

僧侶としての資格を奪われるということは、俗人に戻されるということでもあったのですが、親鸞はその常識を打ち破り、「非僧非俗《ひそうひぞく》（僧でもなく俗でもない）」という独自の立場を取りました。「僧侶の資格を奪われても、自分は俗人ではない」という、新しい立場を打ち出したのです。

つまり親鸞は、自分のアイデンティティを自分で創り出したのです。強制的に与えられた俗名を受け入れず、自分で自分に「愚禿親鸞」と名付けたのも、自分が何者であるかを自分で決めようとする意志の表れでした。

また当時は、女性を不浄のものと見る男尊女卑の時代で、僧侶が公然と妻帯することは考えられないことでした。しかし、「仏の救いの前では、男女や僧俗の差別などありえない」と信じる親鸞は堂々と妻帯し、流罪を赦免されて僧籍を取り戻した後も、妻帯していることを公言しました。

私たちは、自分以外の誰かから「あなたは○○な人です」とレッテルを貼られることがあります。たとえば、「あなたは薄情な人ですね」とか、「君は仕事ができないやつだな」とか、「君は頭が悪いね」とか……。

こんなことを何度もくり返し言われていると、それが自分の本当の姿であるかのような錯覚を起こす場合もありますが、自分が何者であるかを自分以外の人に決められたくはないですよね。

また、周りの人から「いい人」というレッテルを貼られて、それに縛られている人も多いのではないでしょうか。「あなたはいい人なのだから、周りの人にイヤな思いをさせないよね」とか、「あなたは立派な人なのだから、私の期待を裏切らないよね」とか、「あなたは優秀な人なのだから、もっと頑張って結果を出してくれるよね」とか……。

このように「いい人」であることを期待され、それに応えるために「いい人」を演じ続けるとしたら、とても窮屈な人生になってしまいます。

やはり、自分が何者であるのかは自分自身で決めたいですね。

「自分は何者であるか？」「何を大切にして生きるか？」「どんな生き方をしたいか？」などの問いの答えを考えるにあたって、他者からの期待に振り回されるのではなく、他者からの評価に媚びるのでもなく、また、世間の目や常識に縛られるのでもなく、心の底からワクワクする答えを自分自身で見つけ出したいですね。

この節の最後に、石垣りんさんの詩集『表札など』から、詩を一編紹介します。

「表札」

自分の住むところには
自分で表札を出すにかぎる。

自分の寝泊りする場所に
他人がかけてくれる表札は
いつもろくなことはない。

病院へ入院したら
病室の名札には石垣りん様と

様が付いた。

旅館に泊つても
部屋の外に名前は出ないが
やがて焼場の鑵《かま》にはいると
とじた扉の上に
石垣りん殿と札が下がるだろう
そのとき私がこばめるか？

様も
殿も
付いてはいけない、

自分の住む所には

自分の手で表札をかけるに限る。

精神の在り場所も
ハタから表札をかけられてはならない
石垣りん
それでよい。

葛藤と選択によってアイデンティティは確立される

私たちはいくつもの顔を持って生活しています。

私でいえば、「夫としての自分」「父親としての自分」「息子としての自分」「男としての自分」などがあり、さらに職業人としては「コーチングのプロとしての自分」「eラーニング形式の私塾の主宰者としての自分」「著作家としての自分」があります。他にも「心理学や人間学を学ぶ者としての自分」「映画愛好家としての自分」「読書家としての自分」など、まだまだありそうです。

このように人は、「……としての自分」をいくつも持っていて、状況に応じて、それらの中からどの自分に比重を置くのかを、その都度選択しています。

また私たちは、さまざまな「……としての自分」を統合することによって、全体として「これこそが自分である」という一つの自己像を創り上げています。この自己像がアイデンティティです。

つまり、アイデンティティというのは、いくつもの自分が統合されてできていくものなのです。

あなたの場合、「……としての自分」にはどんなものがありますか？　そして、その中のどの自分に比重を置くことが多いですか？　また、ぜひ振り返ってみていただきたいのですが、ある自分と他の自分との間で葛藤が起きることはあるでしょうか？

実は、ある自分と他の自分との間で起きる葛藤こそ、アイデンティティを確立するうえでの重要なプロセスになるのです。

これについては、実際の葛藤の例を挙げて考えてみましょう。結婚をしていて、小学一年生の息子がいる、ある女性のケースです。

彼女は、会社勤めをしていて、仕事にとてもやりがいを感じているのですが、帰宅するのがいつも午後七時近くになってしまい、それより早く帰宅するのが難しいという状況です。

また、彼女は最近、息子のことが気になっています。息子はいつも自信がなさそうで、また、友達づきあいも上手ではなく、最近は学校生活があまり楽しくないようです。彼女は、息子の甘えをあまり受けとめずに育ててきたと感じており、息子の甘えをしっかりと受けとめてやることが、これから息子の心を育んでいくうえで大切なことだと思っています。

そのような背景から彼女は、「子どもが学校から帰ってきたときに、家にいて『おかえりなさい』と言ってやりたい。子どもの話をゆっくりと聴く時間を十分に確保したい」という気持ちと、「仕事で成果を出して、さらにやりがいのある仕事を任されるようになりたい」という気持ちの間で葛藤しています。

今の仕事を辞めて、もう少し早く帰宅できる仕事に転職するか、それとも今の仕事を続けることを優先して、その状況でも可能な範囲で息子のサポートを考えていくか、その選択で悩んでいるのです。

つまり彼女は、子どもをサポートしたいと思う「母親としての自分」と、仕事にやりがいを感じる「職業人としての自分」の間で、どちらの自分にどの程度の比重を置くのかということに葛藤しているわけです。

このように、ある自分と他の自分との間で葛藤することと、その葛藤を経て選択をしていくことは、私たちが自らのアイデンティティを確立していくための非常に重要なプロセスとなります。

学校のテストであれば決まった正解がありますが、人生においては、「こうすればよい」という正解はありません。

私たちは、葛藤し悩みながら、答えを自分で出すしかないのです。何を選択するのかを、自分で決めるしかないのです。

この女性のようなケースであれば、夫に相談するのもいいでしょうし、さらに息子の気持ちを聞く場合もあると思いますが、それでも最終的にどの選択をするかを決めるのは彼女自身です。仮に、夫の意見を全面的に採用することになるとしても、それを採用すると決めるのは彼女自身です。

自分がどうするかについて選択するのは自分自身なのです。

そして選択には常にリスクと不安がともないます。ですから、選択するということは勇気を要することでもあります。

選択にともなうリスクや不安を引き受け、葛藤し、悩み、そして勇気を持って選択していく。このプロセスこそ、「自分は何をしたいのか」「自分にとって何がどのくらい大切なのか」を模索しながら見出していくプロセスであり、自分が何者であるのかを自分で確立していくプロセスなのです。

前節で「自分が何者であるのかは自分で決めたい」というお話をしましたが、これは決して簡単なことではなく、年月をかけて取り組んでいく必要がある大仕事なのです。

体験によって自分が見えてくる

前節のタイトルである「葛藤と選択によってアイデンティティは確立される」という言葉を、もう少し丁寧に表現するならば、「『選択するまでの葛藤』と『選択した後の体験』のくり返しによって、アイデンティティは確立される」となります。

選択するまでの葛藤も大切ですが、選択した後の体験も非常に大切であり、この体験をくり返すことで、自分が何者であるかが見えてくるのです。

私たちは何かを選択するときに、「この選択は正しい選択なのだろうか?」「この選択は間違っていないだろうか?」などと考えたりします。もちろん、何を選択するかについて考え、悩み、葛藤することは大切なことなのですが、本当のところ、完全に正しい選択などないし、逆に、完全に間違った選択もありません。長い目で見るならば、何を選んでもいいのです。大事なことは、選択した道を通して学び、成長していくことです。また、選択し行動し体験してみて、「この選択は違う」と感じたなら、やり直せばいいのです。

自分の選択がもたらす現実を体験し、味わい、そして、その体験が自分にとってどのくらいしっくりくるものかを、自分の実感で確かめることこそが大切です。そして、それがしっくりくるものならば、その道をさらに進んでみるといいでしょうし、しっくりこないのであれば、別の道を選び直すこともできます。

ただし、どんな選択をしたとしても、中途半端な姿勢で行動したのでは、その選択がもたらす本当の体験を味わうことができません。そしてこれでは、やり直すかどうかの判断もできません。

重要なのは、思い切りやってみることです。自分が選択した行動を断じて行うことです。選択した道をしっかり歩いてみることです。

そうすれば、どんな体験をしたとしても、その体験からきっと何かをつかめるはずです。

一人の学生がアルバイトをするケースで考えてみましょう。アルバイトを通して仕事を体験することは、たとえ一時的であれ、社会における役割を担うという体験でもあり、その学生が自らのアイデンティティを探究していくうえでも非常に有意義なことだと思います。

ここで大切なことは、まず一つの仕事でもかまわないので、本気でやってみることです。どんな仕事であれ、自分の全人格をぶつけるつもりで取り組んでみるのです。「ちょっとお試し」といった感覚でやるのではなく、「自分という人間が本気で取り組んだときに、その仕事のやりがいやおもしろさを見出せるかどうか」という課題にチャレンジするつもりで、できれば一定期間継続してやってみるのがいいと思います。

そのような心構えで取り組むとき、その学生は新しい世界を発見すると同時に、新しい自分を発見するでしょう。たとえアルバイトであっても、その仕事体験によって、自分という人間が見えてくるのです。

もちろんこれは、学生に限らず、すべての人に当てはまることです。

大いに葛藤し、勇気をもって選択し、そして選択したことに全力で取り組んでいきたいものです。そして、その過程で失敗や挫折をも体験することができたら、これは最高に価値ある体験となり、その後の人生の財産になることでしょう。

目の前のことにコツコツ取り組めない人たち

ユングは、集合的無意識（全人類に共通する無意識）の中に、いくつかの基本的な型があることを認め、それを「元型」と呼びました。

その元型の一つに「永遠の少年」というものがあります。現代は、この「永遠の少年」元型に支配されてしまっている人が増えているのですが、そのような人のことを、以下、男女を問わず「永遠の少年」と呼ぶことにします。

「永遠の少年」の特徴は、年齢的には大人になっていても、心が思春期の未熟な段階にとどまっていることです。現実に適応しようとせず、社会の中に存在する矛盾や不条理から目をそむけます。

また、「自分はまだ本来の人生を生きていない」と考え、今の自分を仮の姿であると捉える傾向があります。そして、どんな職業に就いても、「これは本当の自分に合った仕事ではない」「自分は特別な才能をもった存在であり、いつかきっと、その才能を発揮できる理想的な仕事に出会える」と感じるため、目の前の仕事に本気で取り組もうとしません。

精神科医の清水将之さんがいう「青い鳥症候群」も、この「永遠の少年」と重なります。「青い鳥症候群」とは、現実の自分の状況や環境を受け入れられず、「自分が心から満足できる職場があるはず」「自分の能力を最大限に発揮できる仕事があるはず」と、理想の仕事を求めて転職をくり返す人の心理状態をいいます。

メーテルリンクの童話『青い鳥』の中に出てくるチルチルとミチルが、幸福の青い鳥を探し続けたように、「青い鳥症候群」の人は、理想の幸福を追い続けます。

「永遠の少年」や「青い鳥症候群」の人たちに共通して見られる特徴の一つに、心理的に母親（もしくは母親的な存在）から自立していないことが挙げられます。

多くの場合、過干渉あるいは過保護な親に育てられており、そのため心理的な自立が進んでいないのです。

また、「面倒くさいことはやらずにすませたい」「地道な努力はパスして結果を手に入れたい」といった幼児性や、「社会の矛盾や不条理を見たくない」といった潔癖性が残っていて、現実から逃避しがちであることも共通する特徴です。

理想を追求すること自体は、とてもワクワクする素敵なことだと思いますが、目の前の現実にしっかり取り組んでいかないかぎり、現実は理想に近づいていきません。現実にちゃんと向き合いながら理想を追求していくことが大切です。

「永遠の少年」や「青い鳥症候群」の人にとって必要なことは、まず大地に根を張ること、つまり、地に足をつけて、目の前の現実にコツコツと着実に取り組んでいくことです。さまざまな制限や制約がある現実の中で、まず今できることに、心を込めて取り組んでいくことです。しかし、よく考えてみれば、これはすべての人に共通する課題でもありますね。

現実というものに妥協して夢や理想を捨ててしまう必要はありません。私たちは、現実にしっかり取り組みながら、そのうえで自分なりの夢や理想を追求していくことができます。

現実と取り組む中でトライアンドエラー（試行錯誤）をくり返し、その体験の中から、自らのアイデンティティを模索し確立していくとともに、自らの生き方や望む人生のビジョンを見つけ、それらを追求していくことができるのです。

「これだ」と思えるものはすぐには見つからないかもしれません。たとえば、ミッション（使命）も簡単には見つからない場合が多いでしょうし、天職だと思える仕事にもすぐには出会えないケースがほとんどでしょう。

また、生き方にしても、ビジョンにしても、アイデンティティにしても、これらは、目の前の現実に向き合っていった結果、その体験の中からやがて見出されていくものです。

孔子の言葉に「五十にして天命を知る」というものがあります。孔子は五十歳になったとき、天から与えられた自分のミッションを自覚したというのです。これは孔子にとって、「自分が何者であるのかが究極的にわかった」という体験ではなかったかと思います。

実は、この本を書いている私も、現在ちょうど五十歳ですが、さすがに大聖人の孔子と同じ年齢で、同様の境地に達するのは難しそうです。

実際、「自分の天命は何だろうか？」という問いや「自分の天職は何だろうか？」という問いは、私にとってとてもワクワクする問いであり、常に自分に問いかけておりますが、この問いの答えは、今の私にはわかりません。

ですが、このワクワクする問いを自分に問いかけながら、目の前の現実に楽しく取り組んでいる毎日は、とても幸せなものだと感じています。

私が生き方のモデルにしているのは、小此木啓吾さんが著書『モラトリアム人間の時代』の中で紹介している「プロテウス的人間」です。以下、引用します。

「ギリシャ神話の中のプロテウスは変幻自在で、恐しい大蛇、ライオン、竜、火、洪水など、何にでもなることができる神で、それになぞらえたプロテウス的人間は、プロテウスのように変幻自在である。あくまでも自分を一時的・暫定的な存在とみなし、次々に新しい仕事、職種、役割に同一化して変身を遂げてゆく。しかも彼らは、自己の人生の各段階におけるそれぞれの自分について、自己の能力を十分に発揮し、一定期間はその道での専門家・第一人者になる。しかし、それにもかかわらず、彼らはこの段階での自分を最終的な自分とは限定しない。最終的な自己選択を回避し、常により新たな自己実現の可能性をのこす」

プロテウス的人間は、自分が今置かれている場所で全力を出すのですが、その道でそれなりのレベルに到達しても、そこで自分を限定するのではなく、変身する余地を残し、可能性の探究を続けます。

これは、生涯をかけて、変身を遂げながら自己実現をしていく生き方です。

思いどおりにならないことへの耐性

私たちが人とコミュニケーションを交わすとき、相手は必ずしもこちらの期待どおりの反応をするわけではありませんよね。

ですが私たちは、相手が身近な人であればあるほど、相手に対して無意識に期待を持ってしまいます。「このくらいのことはわかってくれるはずだ」とか、「以前お願いしたことを覚えていてくれるはずだ」とか、「聞き分けのないことは言わないはずだ」とか、そんな期待をひそかに持つわけです。しかし、そのような期待どおりの反応を相手がしてくれないということは、日常茶飯事です。

ここでカギを握るのは、「思いどおりにならないことへの耐性」です。この耐性が弱いと、すぐにイライラしてしまったり、あるいは相手を是正しようとしたり、相手をコントロールしようとしたりします。ときに怒りを爆発させる場合もあります。

これでは、おたがいが幸せを感じるような人間関係をなかなか築くことができませんね。

逆にこの「思いどおりにならないことへの耐性」が強い人は、思いどおりにならない状況の中でも、相手のことを尊重しながら、対話の努力を建設的に続けていくことができるので、幸せで豊かな人間関係を築けるのです。

現代人は、「思いどおりにならないことへの耐性」がかなり脆弱化していると思われます。

私たち人間は、近代以降、驚くべきスピードで科学技術を発達させ、便利で快適な生活を実現してきましたが、その恩恵に過剰に依存するようになった結果、「思いどおりにならないことへの耐性」を弱めてしまったのかもしれません。

榎本博明さんが著書『病的に自分が好きな人』の中で次のように述べています。

「寒いときは焚き火に当たり、暑いときは日陰で涼むくらいしかない時代が長く続いたが、火鉢からストーブ、こたつ、さらにはエアコンと暖房器具は進化し、団扇《うちわ》・扇子《せんす》から扇風機、そしてエアコンへと冷房器具も進化してきた。エアコンにより部屋の温度を思いのままにコントロールできるようになった。（中略）

通信手段の発達も、私たちの万能感を刺激する。（中略）インターネットにより、世界中の人々と瞬時に文字や画像のやりとりができるようになった。そして携帯電話の普及により、相手や自分がどこにいてもしゃべることができるようになった。（中略）科学技術は、かつて不可能だったことを可能にしてくれた。諦めなければならなかったことを諦めなくてもよくしてくれた。制約をつぎつぎに取り除いてくれた。

こうして私たちは、現実を思いのままにコントロールできるというような万能感を抱くようになった。それによって、私たちは諦めが悪くなった。思い通りにならないことがあると、イライラするようになった」

現実を思いどおりに操作できるというコントロール幻想のため、現代人の「思いどおりにならないことへの耐性」は脆弱化してしまい、その結果、自己中心的な人間が増えていると、榎本さんは述べています。

このことは、クレーマー化する消費者が増えていることからも、うかがい知ることができます。

たとえば、購入した商品に欠陥があったときに、そのことを落ち着いて店員に伝え、「お手数ですが交換していただけますか」と紳士的に要求するのであれば、これは大人の態度といえますね。

しかし今は、そのような状況で感情的になり、攻撃的な態度で、一方的にわがままな要求を突きつけるクレーマーが増えているようです。店員を一人の人間として尊重するだけの余裕がなく、ただ自分の欲求を満たすことしか考えられない消費者が増えているのです。

そして、そのようなお客様意識を教育の場にも持ち込み、教師に理不尽なクレームを突きつけるモンスターペアレントが増えており、社会現象としても話題になりました。

中には、「発表会ではうちの子に主役をやらせてほしい」とか、「集合写真で、うちの子が端っこに写っている。撮り直してほしい」とか、「担任教師がみんなの前で叱ったので、うちの子の心が傷ついた。すぐに担任を変えてほしい」などのような、あまりに一方的な要求もあるそうです。

現代において、クレーマーやモンスターペアレントが増えているということは、状況をコントロールしないと気がすまない人、つまり、「思いどおりにならないことへの耐性」が弱い人が多くなっているということなのです。

万能感の落とし穴

自分の目の前の世界を思いどおりにコントロールしようとすることを「操作主義」といいますが、現代人には、この「操作主義」のパラダイムが浸透していると思われます。

人は、操作主義的になればなるほど、コントロールすることへの執着心が肥大化してしまい、思いどおりにならない状況に耐えられなくなります。つまり悩みが増えるのです。仏教や老荘思想でも言っているように、思いどおりにならないことを思いどおりにしようとする執着心こそが、人生の根本的な苦悩を生み出すのです。

私たちはみな、この大自然・大宇宙から見れば、とても小さな存在ですね。宇宙の大いなる法則や流れに、抗《あらが》って生きることができません。

しかし、ある時期から（特に近代以降）人間はそのことを忘れ、謙虚さを失いました。科学技術を過信し、万能感・全能感に支配され、自然に対する畏敬の念を失って、自分たちの都合のいいように自然を操作しようとするようになったのです。そしてその結果、今日の自然破壊・環境破壊などの問題を招いてしまいました。


それにしても現代は、操作主義全盛の時代といえそうです。書店で子育てやコミュニケーションスキルの本の目次をながめてみると、「子どもをやる気にさせる」とか、「部下を動かす」とか、「相手に行動を起こさせる」などの操作主義的な言葉が並んでいる本も珍しくありません。

「自分が子どもだったら、あるいは部下だったら、操作的な意図を持った親や上司によって、やる気にさせられたいだろうか？　動かされたいだろうか？　行動を起こさせられたいだろうか？」という視点で考えると、操作的なコミュニケーションがいかに一方的なものかがわかりますね。

私たちは、操作的なパラダイムにもとづいて相手と接しているとき、「相手の人格に対する畏敬の念」と「謙虚な姿勢」を失っています。

ですから、操作主義的なスタンスで人と接するならば、どんなに優れたコミュニケーションスキルを駆使したとしても、真に心の通った対話はできません。

現代の操作主義的な傾向は、自己啓発書などにも見てとれます。「運命を自在に操ることができる」とか、「思いどおりの人生を楽々と実現できる」など、私たちのコントロール幻想や万能感を刺激するような言葉もよく見かけます。

中には、「宇宙の法則」や「奇跡」や「偶然」などの人知を超えたものすらも人為的に操作して、願望実現のツールにしてしまおうとするものもあります。

少し考えてみていただきたいのですが、はたして私たちは、運命を自由自在にコントロールすることができるのでしょうか？　人知を超えた現象をも、思いどおりの人生を実現するための便利なツールにすることができるのでしょうか？　そしてそれは、真に幸せな人生を築きあげる生き方につながるのでしょうか？

かつて人間は、「天まで届く塔」を建てることができると考えましたが、その企てを知った神が言葉を混乱させ、その企てをくい止めました。これは、旧約聖書の中の「バベルの塔」の話です。

旧約の預言者たちも、万能感・全能感に支配された人類の傲慢さが人類自身の首を絞めることになると、予見していたのではないでしょうか。

ギリシア神話にはイカロスの話があります。蝋《ろう》で作った翼を付けたイカロスは、「高いところを飛んではいけないよ」と父親から警告されていたにもかかわらず、調子に乗ってしまい、どんどん上空に上がっていきました。そしてその結果、蝋が溶けて、イカロスは落ちてしまいました。

この話も、万能感・全能感への警告ですね。

日本の民話には、「湖山《こやま》長者」という話があります。湖山長者は、数千町歩の田を持っていて、田植えは総出で、一日で植えることになっていました。しかしある年、山から出てきた猿に皆が気を取られて、田植えが終わらないうちに日が沈みかけました。そこで長者は、夕日を扇で招き返し、日が沈むのを遅らせて、田植えを終わらせたのです。

ところが翌朝、田は一面の池と変わってしまい、長者の繁栄は終わってしまったのでした。万能感・全能感に支配され、謙虚さを失ってしまった長者は、自然現象までもコントロールしようとして、ついにしっぺ返しをくらったのです。

今、私たちにとって必要なことは、行き過ぎた操作主義のパラダイムをゆるめ、「世界は自分の思いどおりにはならないものだ」「世界をコントロールすることはできない」「宇宙も人生も、人知を超えたものだ」という謙虚な姿勢で、世界や人生と向き合うことではないでしょうか。

そしてこの姿勢は、人間関係を築いていくうえでも大切です。つまり、「相手はこちらの思いどおりにはならないものだ」「相手をコントロールすることはできない」「人間（相手）は計り知れない存在だ」という謙虚な姿勢で、人格的存在である相手に畏敬の念を持つことが大切なのです。

今から二千五百年前、インドのブッダは菩提樹の木の下で悟りを開き、「生まれ、老い、病み、死ぬことをはじめ、すべては思いどおりにならないものである」という真理を発見しました。

しかし私たち現代に生きる人間は、操作主義的なパラダイムに陥った結果、その真理を見失ってしまい、思いどおりにならないことを思いどおりにしようとして四苦八苦しているのだと思います。

思いどおりにならなかったことにいつまでも囚われている人のことを、「あきらめが悪い」などと言ったりしますが、この「あきらめる」という言葉の語源は、「明らかにする」「明らかに見極める」というものです。

思いどおりにならないことを、思いどおりにならないこととして見極めること。つまり、勇気をもって現実を直視し、ものごとの本質を明らかに見て受け入れること。そして、そのことによって執着心を手放すことこそが、本来の「あきらめる」ということなのです。

自分の力でなんとかできそうなことに対しては、最後までベストを尽くす。そして、自分の力でどうにもできないことに対しては、あきらめてあるがままに受け入れる。そのような生き方をしたいものです。

心理的に大人になるための通過儀礼

人は乳児のとき、母親との一体感の中で生きています。この時期、自分のさまざまな欲求を母親がかなえてくれるわけですが、自分と母親の明確な区別がなく、「自分が願ったことは何でもかなう」という万能感を持ちます。こうした一体感や万能感は、子どもが自分自身や世界に対する基本的信頼感を獲得していくうえで欠かせないものです。

やがて、子どもから大人になる過程で、人は幼児的な万能感を手放し、現実が思いどおりにならないものであることを受け入れていきます。このプロセスを精神分析では「去勢」と呼びます。

一般的に「去勢される」というと、「気力や反抗心を奪われる」といった意味でも使われるので、これと混同しないでいただきたいのですが、精神分析で「去勢される」というときは、「万能であることをあきらめる」ことを指します。

この「去勢」は、人が自我を確立していくうえで不可欠なプロセスであり、また、心理的に大人になるために必要な「通過儀礼（イニシエーション）」でもあります。

前述した「永遠の少年」や「青い鳥症候群」の人たちに共通していることの一つが、去勢のプロセスを経ていないということです。

人は去勢を経て、人生における限界と制限を受け入れ、「思いどおりにならないことへの耐性」を獲得し、地に足をつけて現実に適応できるようになるのです。

また、去勢を経て、自分が万能ではないことを自覚した人は、他者と助け合い、協力し合っていこうとするようになります。自らの不完全さを、人間関係を通して補っていこうとするのです。

挫折を経験せずにエリートコースを歩んできた人が、しばしば社会性に欠け、相互協力的な人間関係づくりをしようとしないのは、「自分一人で何でもできる」という万能感が去勢されていないためだと考えられます。こういった人の場合、他者と協力し合うのではなく、自分の目標達成のための手段として他者を利用しようとする傾向があります。

ところで、さまざまな偉人の伝記を読むと、実に多くの偉人が、貧乏な家の出身であったり、幼いころに大病を患っていたり、子どものころに家族に不慮のアクシデントが起きていたり、つまり非常に不自由な環境の中で育っています。

彼らにとっては、不自由な環境こそが、万能感を手放し、「思いどおりにならないことへの耐性」を獲得する大きな要因になったものと思われます。

また、ジャン・ジャック・ルソーが著書『エミール』の中で、「子どもを不幸にするいちばん確実な方法はなにか、（中略）それはいつでもなんでも手に入れられるようにしてやることだ」と述べていますが、これは去勢という視点から考えるとよくわかります。

何不自由ない環境の中で育った子どもは、去勢という通過儀礼を受けることなく大人になってしまう、つまり、幼児的な万能感を持ったまま大人になってしまいます。そうなると、地に足をつけて生きることが難しくなるのです。

現代を生きる私たちは、科学技術の恩恵もあって、便利で快適な生活を送ることができます。これは、過去の時代と比べると、とても自由な環境といえますね。では、このような時代にあって、子どもはどのように去勢という通過儀礼を受けるのでしょうか。

それについて考えるうえで、親の持つ父性と母性のことをお話ししたいと思います。

まず、父性の機能というのは、「切り分ける」「区別する」「境界線を引く」といったものです。一方、母性の機能は、「包み込む」「一体化する」「融合する」などです。

もう少し具体的にいいますと、父性とは、「やっていいこと」と「やってはいけないこと」を区別し、それを子どもに教える機能であり、また、ルールや規範を守ることを子どもに教える機能です。

たとえば、挨拶をするとか、返事をするとか、食事中は姿勢を正すとか、自分の部屋を自分で掃除するとか、夜更かしをしないとか……、そういった基本的な生活習慣に関するルールを子どもに与え、それを守るよう指導するのも父性の大切な機能です。

そして母性とは、ありのままの子どもを包み込み、子どもの気持ちや欲求を受けとめて共感する機能です。

もちろん、子どもを育てていくうえでは、この父性も母性も共に必要であり、そのバランスがとても大切です。

ただし、「父性＝父親」「母性＝母親」と単純に考えないでください。父親が主に母性を担当し、母親が主に父性を担当する場合もありえます。

また、一人の親の中にも父性と母性の両方がありますから、シングルマザーやシングルファーザーなどの場合、父性と母性の両方の役割を一人で担うこともあるわけです。

そして、子どもに去勢をもたらすのが父性なのです。子どものいいなりになるのではなく、親として子どもにルールや規範を示し、子どもがやってはいけないことをしたときにはちゃんと叱る。そういった父性を親が発揮することで、子どもの万能感は去勢されます。

こうして子どもは、世界が自分中心に回っているわけではないことを受け入れ、心理的に大人になっていくとともに、社会性を身につけていくのです。

求められる父性

河合隼雄さんの著書『こころの処方箋』の中に、「『理解ある親』をもつ子はたまらない」という話が紹介されています。これは、下着盗みのためにつかまった、ある中学生の男の子の話です。彼はカウンセリングを受けることになったのですが、そこでカウンセラーに「理解のある親をもつと、子どもはたまりません」と語ったのです。

ここでいう「理解のある親」というのは、たとえば子どもが親に向かって暴言を吐いたり、あるいは子どもが万引きなどのような行為をしたときに、「そうしたくなる気持ちもわかる」などと言って、子どもと向き合うのを回避しようとする親のこと、つまり父性を発揮しない親のことです。

そして、このような親が、子どもにとっては我慢できない存在となることがあるわけです。

河合さんは次のように述べています。

「子どもは成長してゆくとき、時にその成長のカーブが急上昇するとき、自分でもおさえ切れない不可解な力が湧きあがってくるのを感じる。それを何でもいいからぶっつけてみて、ぶつかった衝撃のなかで、自らの存在を確かめてみるようなところがある。そのとき子どもがぶつかってゆく第一の壁として、親というものがある。親の壁にさえぎられ、子どもは自分の力の限界を感じたり、腹を立てたり、くやしい思いをしたりする。しかし、そのような体験を通じてこそ、子どもは自分というものを知り、現実というものを知るのである。

いわゆる『理解のある親』というのは、このあたりのことをまったく誤解してしまっているのではなかろうか。子どもたちの力が爆発するとき、その前に立ちはだかる壁になるのではなく、（中略）自分はうまく衝突を免れようとしているのではなかろうか。
壁が急になくなってしまって、子どもたちはいったいどこまで自分が突っ走るといいのか、どこが止まるべき地点かわからなくなる。不安になった子どもは、壁を求めて暴走するより仕方なくなる。子どもは文字どおり暴走族になるときもあるし、この例に示したように何らかの意味で社会的規範を破るようなことをしてしまう。しかし、本当のところ、子どもたちは法律の壁なんかではなく、生きた人間にぶつかりたいのである」

この例で紹介されている中学生も、下着盗みをすることで、親に心から心配してもらい、体を張って壁になってほしかったのかもしれません。あるいは、本気になって叱ってくる親と、そんな親に対して反発する自分の間で、ぶつかり合いをしたかったのかもしれません。

いずれにせよ、親の父性が求められているのだと思います。

さらに河合さんは次のように述べています。

「角力《すもう》取りは、ぶつかり稽古《げいこ》で強くなるという。せっかくぶつかろうとしているのに、胸を貸す先輩が逃げまわってばかりいては、成長の機会を奪ってしまうことになる。もっとも、胸を貸してやるためには、こちらもそれだけの強さをもっていなくてはならない。子どもに対して壁となれるために、親は自分自身の人生をしっかりと歩んでいなくてはならないのである」

子どもに対して父性を発揮するためには、親もしっかりと自我を確立して、自分らしい人生を生きている必要があるわけですね。

ですが、最初からそのようなしっかりした親であるというケースは少ないと思います。親も一人の未熟な人間ですし、子どもと向き合うことに怖さを感じるのも自然なことです。

大切なことは、子どもに対して父性を発揮するという課題に葛藤しつつ取り組みながら、その過程を通して、親自身も自我を確立していくことです。

子どもと向き合うことを通して、親も成長し、自分らしい人生を歩めるようになっていきます。そして、そんな親の成長し変化する姿を見せることが、子どもの心の成長にとって、何よりもの糧《かて》になるのです。


それからもう一つ補足しておきたいのですが、父性を発揮するというのは、決して高圧的・強権的な態度で子どもに接するということではありません。親として判断すべきことはちゃんと引き受けて判断し、「やっていいこと」と「やってはいけないこと」を切り分け、それを子どもにはっきり伝えるということなのです。

そして、父性を発揮するときに、子どもの気持ちを理解し受容しようとする母性的な愛も同時に持って接することができると、理想的な「ぶつかり合い」としての対話ができるのではないかと思います。

家族が健全に機能しているかどうかを判断する基準

傑出した家族療法家の一人であるサルバドール・ミニューチンは、家族が健全に機能しているかどうかを評価する基準として「世代間境界」に着目し、家族療法において成果を上げました。

世代間境界というのは、親世代と子世代の間の境界のことで、この境界が曖昧である場合、家族の関係性のバランスが崩れて、さまざまな問題が生じやすくなります。そこでミニューチンは、この世代間境界を確立していくことを重視したのです。

夫婦とその子どもの二世代から成る家族を例に考えてみましょう。世代間境界が確立されている家族とは、「父と子」「母と子」という縦の関係よりも、「夫と妻（父と母）」という横の関係を優先する秩序が確立されている家族のことです。夫婦間の協力関係（パートナーシップ）のことを「夫婦連合（父母連合）」と呼びますが、世代間境界が確立されている家族は、この夫婦連合が家族の要《かなめ》になっているのです。

家族の重要な方針やルールは夫婦（父母）が決定します。また、子どもの耳には入れない、夫婦間だけで共有する情報（たとえば家計のことなど）がはっきりしています。このように、親世代と子世代の間に境界が確立されていることが、家族としての健康度を保つ鍵になるのです。

子どもが、「ゲームを買ってよ。みんな持っているから、僕だけ持っていないのはイヤなんだ」と言ってきたときなども、子どものいいなりになるのではなく、夫婦間で方針を決め、それにもとづいて結論を出すことが大切です。

子どもが強く主張するとほとんどの意見が通ってしまうとしたら、これは世代間境界が弱すぎることになります。

世代間境界が確立されているということは、養育する側と養育される側の立場がちゃんと区別されているということです。この「区別する」というのは父性の機能であり、世代間境界を確立するということは、夫婦が父性を発揮して、自分たちと子どもの間に適度な境界線を引くということなのです。

夫婦が父性を発揮し、世代間境界を確立していくと、家族の中に健全な階層ができ、これによって、家族の秩序が保たれ、家庭という場が安定します。その結果、子どもはその秩序の中で、安心して親に甘えたりぶつかったりすることができるようになります。それと同時に、子どもは「自分の思いどおりにはならないことがある」ということを受け入れるようになり、子どもの幼児的な万能感は自然に去勢されていくのです。

ここで誤解していただきたくないのですが、世代間境界を確立するというのは、何でもかんでも親が決めるということではありません。また、親が絶対君主のようになって強権的に権威を振りかざすということでもありません。

「家族の重要な方針などのように親が決めるものもあるけど、ことによっては子どもも含めて家族全員で話し合って決める場合もある」というのが健康的です。

また、親が決めることであっても、場合によっては子どもの意見もしっかり聴いてやり、そのうえで親が決定してもいいのです。要するに、世代間境界というのは、ある程度の柔軟性を備えた「適度な境界」であることが大切なのです。


次に、世代間境界が崩れてしまうケースについて見てみましょう。

仕事から帰ってきた夫が、仕事でおもしろくないことがあったため、妻と子どもに八つ当たりをしたとします。そして、その後で妻が子どもにこっそりと、「お父さんったら、私たちに八つ当たりなんかして最低ね」と言ったとすると、これは母子連合を作ることになります。このような発言をくり返すと、妻は夫（子どもから見れば父親）への不満を子どもと共有して、母子連合という、世代間境界を超えた縦の連合を作ることになるのです。そしてその結果、家族の要であるべき夫婦連合は崩れていきます。

一方、妻が子どもに、「お父さんはお仕事でストレスを溜めているから、ついイライラしてしまうのよ。お父さんもきっと、悪かったと思っているよ」と、夫の立場に立った発言をし、後で夫と二人きりのときに、「あなた、私と子どもに八つ当たりをしないでよ」と抗議をするとしたら、これは世代間境界をちゃんと守っていることになります。


もう一つ別の例で考えてみましょう。

ある晩、妻が夫に「今日の日中、お義母《かあ》さんから電話があったんだけど、うちの子育てのことにいろいろ口出ししてきて、私、腹が立ったわ。お義母さんは心配性だから、黙って見守ることができないのよ」と言ったとします。こんなとき、日本に比較的多いマザコン（心理的に母親から自立できていない状態）の夫だったら、感情的になって、「俺のお袋の悪口を言うなんて、ゆるせない！　お袋だって、愛情があるからこそ心配してくれているんじゃないか！」などと言う場合もあると思います。このように、自分の母親の肩を持ってしまうと、夫は自分の母親と心理的に母子連合を作ることになり、その結果、妻との間の夫婦連合が不安定なものになります。

ここで夫婦が団結し、夫の母親からの干渉に対してどうやって境界線を引くかについて話し合い、協力して解決策を模索できたら、夫婦連合がしっかりしたものになるとともに、夫の母親に対する世代間境界を確立していくことにもなるのです。

また、夫婦連合をしっかりしたものにし、夫婦が良好なパートナーシップを築いていくことは、子どもの心の発達にもいい影響をもたらします。

子どもは、ある年齢に達すると、異性のほうの親のパートナーになりたいという願望を持つようになります。たとえば男の子であれば、自分が母親のパートナーになって、母親の愛情を独占したいと思うようになります。

しかし、やがて子どもは、父親と母親の間のパートナーシップ（夫婦連合）の強さを知って、「お母さんにとってのナンバーワンはお父さんなんだ。僕はお母さんのパートナーにはなれないんだ」と断念し、心の中で父親に対して白旗を揚げます。この断念がとても重要なのですが、これを経て男の子は、「じゃあ、僕はお父さんのようになろう」と方向転換し、父親から男性性を取り入れ、大人の男性になるべく成長していくのです。

女の子の場合も、同様のプロセスを経て、自分が父親のパートナーになれないことを悟ります。そして母親をモデルにし、母親から女性性を取り入れて、大人の女性になるべく成長していくのです。

日本にはマザコンの男性が比較的多いと前述しましたが、それは、父親と母親の間の夫婦連合よりも、母親と子どもの間の母子連合が強くなりがちな日本の家庭の傾向と関係があります。

父親と母親の間のパートナーシップが弱い場合、男の子は母親と強く結びついてしまいがちです。そうなると、「父親に対して白旗を揚げ、父親を尊敬し、父親をモデルにする」というプロセスが生じないので、その男の子は、父親から男性性を取り入れることができません。その結果、男性としての自立が進まず、男性性が希薄で、なおかつ母親への心理的依存が強いマザコンになってしまいやすいのです。

以上、この節では、家族の要となるのが夫婦連合、つまり夫婦間のパートナーシップのあり方であるというお話をしましたが、夫婦間で波風を立てず、仲の良いふりをして無難に過ごすというのは、本当のパートナーシップではありません。まずは夫婦が向き合い、腹を割って話し合うことです。おたがいの感じ方や価値観の違いから目を背けることなく、それらをちゃんと認識し合うことも必要です。そのうえで、感じ方や価値観の違う二人が、夫婦として共有できる部分を探り、その部分でしっかり握手することが基本になるのです。

母性のプラス面とマイナス面

前述したように、父性の機能が「切り分ける」「区別する」「境界線を引く」といったものであるのに対して、母性の機能は、「包み込む」「一体化する」「融合する」といったものなのですが、この母性についても考えてみましょう。

ユングは、私たち人間の無意識の深層に存在する「母性」あるいは「母なるもの」の元型を「グレートマザー」と呼びました。このグレートマザーが象徴する母性には二面性があり、一つは子どもを慈しみ育む側面で、もう一つは子どもを呑み込んで束縛してしまう側面です。

つまり、母性には正負の両面があり、正の面が出ると、ありのままの子どもを受け入れて慈しむ母性となりますが、負の面が出ると、心配し過ぎ、過保護、過干渉、過期待になって子どもを呑み込み、自立させない母性となってしまいます。

たとえば、厳しい口調で「宿題をやりなさい」「もっと勉強しなさい」と、子どもにいつも口やかましく言う父親がいるとします。子どもに厳しく言う姿は、一見父性的にも見えます。しかしこの父親の場合は、父性よりも、母性の負の側面が出ているのです。

子どもと自分の間に境界線を引くことができず、子どもを一人の独立した人格として見ることができず、子どもの日々の時間の使い方にまで口を出しています。これはまさに、子どもを呑み込んでしまう負の母性です。

漫画『巨人の星』に星一徹《いってつ》という人物が登場します。彼は主人公である星飛雄《ひゆう》馬《ま》の父親なのですが、飛雄馬が幼いころから猛烈な野球の特訓を行います。飛雄馬を一流の野球選手にすることを夢見て、飛雄馬に厳しい訓練を強要するのです。

彼の厳しさも、一見父性的に見えるのですが、この場合も、やはり強烈な負の母性が出ているのです。自分の夢を息子に託す彼は、息子の人生を所有しようとしているのであり、まさに息子を呑み込んでしまっているのです。彼は、負の母性に人格を乗っ取られた父親であるといえます。

親が、自らの去勢のプロセスを経て万能感を手放し、ある程度しっかりした自我を確立し、自分と他者の間に境界線を引けるようになっていれば、子どもに対して母性を発揮するとき、正の面が出やすくなります。

つまり、「自分の思いどおりに子どもを育てることができるはずだ」という万能感を親が手放し、自分と子どもの間の境界線を大切にすることができるようになっていれば、母性を発揮するときに負の面は出にくいのです。

また、父性には、母性の負の側面を抑える働きもあります。

たとえばある家庭で、母親のほうが子どもとの間に境界線を引けなくて、子どもに対して「あれをしなさい、これをしなさい」と、過干渉になっているとします。ここで父親が、「子どもが自ら選ぶことを尊重してやろうよ。子どものことは子ども自身にまかせてやろうよ」と、父性の「切り分ける（境界線を引く）」機能を発揮し、さらに、子育てについて夫婦間で対話する方向に持っていけば、母親が母性の負の面を出すのをある程度抑えることができます。

ところが、河合隼雄さんが『母性社会日本の病理』の中で述べているように、日本の社会は母性原理がベースになっていて、元々父性が弱い傾向にあります。そして戦後は、さらに父性が弱体化してしまいました。河合さんも同書の中で、「かくて日本はグレートマザーの国になった。家庭に父親がいなくなったのである」と述べています。

近ごろは、子育てに積極的にかかわる父親が増えており、それはとても好ましいことだと思うのですが、夫婦ともに父性をあまり発揮しないとすれば、家庭に母親が二人いるようなものですから、これでは「子どもを抱え込みすぎて、その自立を妨げる」という母性の負の側面が出やすくなってしまいます。

子どもへの執着心を手放せた父親

子どもを呑み込んでしまうような「負の母性」で子どもと接していた父親（Aさん）が、そのことに気づき、子どもとの間にちゃんと境界線を引けたという話を、ご本人の了解も得たので紹介します。

Aさんは、長男が中学三年生に上がる直前に、次のようなことを話しました。

「お前には悔いのない人生を歩んでほしいと思っている。俺は高校受験のときに、楽勝で入れる安全パイの高校を選んだ。チャレンジするのが怖かったし、勉強するのが面倒くさかったからだ。そして高校に入ってから、『もっと上のランクの高校にチャレンジしておけばよかった』と後悔したんだ。

だから、お前には後悔するような人生を歩んでほしくない。人間は、チャレンジしなかったときに後悔する。だから、お前にはチャレンジしてほしいんだ。お前は、やればできるやつだ。

おまえはスポーツマンだよな。だから、スポーツ系のクラブが強いS高校を目指すという選択もある。あるいは、将来の大学進学を考えて、K高校にチャレンジするという選択もあるな。K高校は、県内でも屈指の進学校だ。今のお前の学力なら、頑張れば十分に可能性はある。他に行きたい高校が見つかれば、そこでもいい。

お前がどの高校を選んでも、それがお前にとってのチャレンジになるなら、お父さんは応援する。とにかく、後で悔いを残さないよう、チャレンジしてほしい。人生はやり直しができないからな」

その後Aさんは、定期的に「どうだ？　目標にする高校は決まったか？」と聞きましたが、息子はいつも、「別に……」と答えるのでした。

そして、夏休みに入る前の時期に、また息子に質問しました。「どうだ？　目標にする高校は決まったか？　もうそろそろ志望校を決めて頑張らないとな。お前は、どこにチャレンジするんだ？」

するといつもはぐらかしていた息子が、このときは怒りを爆発させたのです。

「うるせーなー。ほっといてくれよ！」

「なんだ、その言い方は！　お父さんは、お前を応援する気持ちで言っているんだぞ」

「じゃー言うけど、俺が受けようと思っているのはT高校だよ」

「なぜT高校なんだ？　T高校はランクも低いし、お前なら勉強しなくても入れるところじゃないか」

「ランク、ランク、って何のランクなんだよ！　楽勝で入れるなら、それが一番確実でいいじゃないか」

「お父さんは、お前に後悔してほしくないから、チャレンジしろって言っているんだぞ」

「俺は今、バンド仲間と音楽をやってるのが一番楽しいんだ。受験勉強なんかに時間を割きたくないんだ。バンドを思いっきり楽しんで、それでT高校に入って、その結果として後悔するなら、それでもいい。それは自分が選んだことだから」

「お父さんは、お前が将来後悔するのが目に見えているから言っているんだ」

「俺には『後悔する自由』もないのか！　自分のやりたいようにやって後悔するなら、本望だよ。俺の人生は俺のものだ。『チャレンジしない自由』もあるし、『悔いのある人生を送る自由』もあるはずだ。それとも俺には、競馬の馬みたいに全力疾走するしか選択肢はないのか！」


こう言われてAさんは、ハッとしました。たしかに、息子の言うことはもっともなことでした。それ以上、反論できませんでした。

その後Aさんは、自分を見つめ直していくうちに気づきました。自分の中で「息子のためだ」と正当化していたけど、実は、自分の望みを息子に実現してもらおうとしていたのでした。

このように、親が自分の子どもの人生を所有しようとしてしまうケースは、珍しくありません。親自身が自分の問題を未解決なままにしていて、子どもの人生を使って、自分の問題を解決しようとしてしまうのです。

たとえば、劣等感の強い親が、子どもの成績を通して自分の劣等感を埋めようとすることがあります。そんなケースでは、子どもの成績に一喜一憂したり、子どもを進学校に入れることに必死になったりします。その結果、子どもが自らの存在価値に自信をなくしたり、親と子の信頼関係が崩れたりすることは、よくあることです。

Aさんのケースに戻りましょう。Aさんは、「自分は自分の人生を生きていなかった。今を生きていなかった」ということに気づきました。自分が今をチャレンジして生きていなかったので、いつも意識が過去に向き、過去の後悔ばかりをしながら、息子にその穴埋めをしてもらおうとしていたのです。

このような気づきのおかげで、それまで「負の母性」によって子どもを呑み込み、子どもと一体化していたAさんは、父性の「切り分ける（境界線を引く）」機能を発揮することができ、自分の人生と息子の人生の間に境界線を引くことができました。まさにAさんは、親としての通過儀礼をクリアし、息子に対する過剰な執着心を手放すことができたのです。

蓮《はす》の花は泥水の中で咲く

徳川家康が、「勝つことばかり知りて、負くるを知らざれば、害その身に至る」という言葉を残しています。また、ナイチンゲールが書簡の中で、「人間は賞賛を勝ち得ているときが、最も危険なときである」と述べています。

人は、ものごとが思いどおりに運び続けると、万能感が肥大化し、謙虚さを失ってしまって、浮《うわ》ついた生き方をするようになりがちです。

逆にいえば、人間というのは、人生におけるさまざまな失敗体験や挫折体験を通して、万能感を手放し、人知を超えたものやコントロールできないものに対する謙虚な姿勢を身につけ、精神的に成長・成熟していくのです。

そういう意味で、失敗や挫折の経験は、私たちが成長・成熟していくための貴重な機会であり、私たちがしっかりした自分を確立するための養分にもなるものです。

ところが、負の母性が強い親は、「子どもに苦労をさせたくない」という思いも強く、子どもに対して、失敗させまい、挫折させまいとしてしまいます。子どもが失敗や挫折をする前に、先回りしていろいろ心配し、障害を取り除こうとしてしまうのです。

たとえば、子どもに目覚し時計を与えておきながら、「そろそろ起きないと遅刻するよ」と親が起こしてやったり、また、「今日は雨が降るかもしれないから傘を持って行きなさい」と親が天気予報を見て指示をしたり……、こんなふうに子ども自身が考えてやるべきことを親が代わりにやってしまうと、子どもは「自ら選んだ行動の結果としての失敗」を体験できません。

また、自分の子どもが優等生のまま一流大学を卒業し、一流企業のエリートコースに進むことを強く期待している親も、子どもが失敗や挫折のない人生を送ることを望んでいるようなものですね。

しかし人は、自分の人生の選択を自ら決め、その選択の結果としてのさまざまな失敗や挫折を経験することによって、「思いどおりにならないことへの耐性」を高め、精神力・生命力を養い、打たれ強い人間になっていくのです。

仏教では蓮の花を智恵の象徴としていますが、蓮は泥の中に根を張り、泥水の中で茎を伸ばし、そしてとても美しい花を咲かせます。清らかな真水ではなく、泥の中から養分を吸い、清浄で優美な花を咲かせるのです。

私たちも人生の中で、泥沼にたとえたくなるような失敗や挫折を経験することがありますが、それらを通して学び、それらを栄養分とすることによって、美しい自分の花を咲かせることができるのです。

これまでの人生を振り返ったとき、失敗や挫折の経験が豊富にあるとはいえない方は、今からでも遅くありません。これからの人生で、失敗や挫折を積極的に経験し、そのことによって自分を高め、磨いていくことができます。

挫折を経験しようと思ったら、何かに本気で取り組む必要があります。逆に、ものごとに取り組むときに、中途半端な姿勢で、あるいはお試し感覚で取り組んだとしたら、仮に望むような結果を出せなかったとしても、本当の挫折を経験することはできません。

私たちは、思い切りやってみてダメだったとき、「自分の力を出し切ったのにもかかわらず、望むような結果を出せなかった」という感覚になり、挫折を経験します。つまり挫折というのは、自分の限界に直面したときに味わうものであり、また、限界というのは、自らの力を出し切ったときに直面できるものなのです。

自らの限界に直面するのは、たしかに怖いことです。それは、自分に対する万能幻想から醒めることであり、現在の等身大の自分に出会うということです。自分の実力のなさに無力感を感じたり、自分の未熟さにがっかりしたりする場合もありますし、今の自分の力では届かないものをあきらめなければならない場合もあります。

しかし、こうした「無力感」や「がっかり」や「あきらめ」をちゃんと体験することによって、私たちはありのままの自分を受け入れ、現実という大地に自らの足で立つことができるようになるのです。

これはユング心理学でいう「死と再生」のテーマにも通じます。自分に対する万能幻想が打ち砕かれたとき、幻想としての万能の自分は死ぬのですが、それによって、地に足をつけた等身大の自分が新生します。

こうして私たちは、生きながらにして生まれ変わることができるのです。そして大地にしっかりと根を張りながら、時間をかけて着実に、かつ大きく成長していくことができるのです。

第四章　自己受容を深める

自分を肯定できなくても大丈夫

この章では、「自分づくり（自我の確立）」の四つ目の側面（P.16の〈四〉参照）についてのお話、つまり、「自分自身をあるがままに受け入れられるようになるためにはどうすればいいか」というお話をします。

そして、これは直ちに、「健康的・建設的な人間関係を築いていけるようになるにはどうすればいいか」というお話につながってきます。なぜなら私たちは、自分のことを受け入れることができるようになるほど、他者のことも受け入れることができるようになるからです。

私たちは、自己受容をできる度合いに応じて他者受容もできるようになり、健康的・建設的な人間関係を築いていけるようになるのです。

これはつまり、自分自身との関係こそが、あらゆる人間関係の基本になっているということです。ですから、豊かな人間関係を築いていくためには、まず自己受容を深めていくことが大切なのです。

ここで、拙著『心眼力』の中から、自己受容について説明しているところを引用します。

「自己受容は、自己肯定とは違います。『自分を好きになること』とも違うのです。たとえば、自分の内気な性格を好きになれない人がいるとします。その人が、『内気なことは素晴らしい』と自己肯定しようとするのは無理がありますね。また、自分を好きになれないのに、『自分を好きにならなきゃいけない』と考えるのも無理があります。

受容するとは、今の自分をいいも悪いもなく認めて、ゆるすことです。『私は内気な性格なんだな』『私はそんな自分のことが好きになれないんだよな』と、ありのままの自分を認めて、そっくりそのまま抱きしめるのです。（中略）

あなたがあなた自身を受け入れるのに、どんな条件も必要ありません。あなたは、あなた以上でもなければ、あなた以下でもないのです。そのままのあなたをしっかりと抱きしめてあげてください」

このように、ありのままの自分を等身大に認めて受け入れるのが自己受容です。「こんな条件を満たしているから自分は素晴らしい」と、条件付きで自分を肯定するのではなく、どんな自分もそのまま認めるのです。自分を好きになれないときも、そのことを認めてゆるしたらいいのです。

そして、この自己受容をしっかりやっていくと、やがて自分のことも自然に好きになっていきます。

また自己受容は、「どうせ自分は内気な人間なんだ」といったふうに、投げやりになることとも違います。

ありのままの自分を受容できると、現実の自分にしっかりと根を張ることができるので、心の中に安定した土台ができ、自然に向上心が湧いてきて、自分の伸ばせるところを伸ばしていこうという意欲も湧いてくるのです。

次に、自己中心的な人やナルシスト（自分が他人より優れているという優越感に自己陶酔する人）と自己受容の関係についてもお話ししましょう。

自己中心的な人やナルシストの人には、「泥まみれの自分では愛せない」「縁の下の力持ちをやっている目立たない自分では受け入れられない」といったような心理が働いています。つまり、この人たちは、そのままの自分を受容することができていないのです。

彼ら彼女らは、「ほれぼれするような自分」とか「かっこいい自分」などの、ある条件を満たしている自分しか受け入れようとしないため、「どんな自分でも受け入れる」という自己受容からくる安心感・安定感がありません。

自分で自分を愛せる状態を保つためには、そのための一定の条件を何としても満たさなければならないと感じていて、その条件を満たせなくなることへの怖れ、つまり、自分が自分のことを受け入れられなくなることへの怖れに駆り立てられているのです。

そのため、自分の利益ばかりを貪欲に求めるようになったり、他人からの賞賛や物などを過剰に求めるようになったり、ほれぼれするような自分の理想のイメージに固執して、ありのままの自分の姿に直面するのを避けるようになったりするのです。

自己中心的な人やナルシストは、自分という人間に付随する条件に囚われているため、自分の存在そのものを受け入れることができないのです。

ここで、ビートたけしさんの詩集『僕は馬鹿になった。』から、私の好きな詩を一編紹介します。

「騙《だま》されるな」

人は何か一つくらい誇れるもの持っている
何でもいい、それを見つけなさい
勉強が駄目だったら、運動がある
両方駄目だったら、君には優しさがある
夢をもて、目的をもて、やれば出来る
こんな言葉に騙されるな、何も無くていいんだ
人は生まれて、生きて、死ぬ
これだけでたいしたもんだ

前半の五行を打ち消すような後半の三行は、まさに自己受容の言葉ですね。
人は本来、どのような条件にも左右されず、存在しているだけで素晴らしい。

そのことに気づいたときに、自己受容は深まります。

続いて、相田みつをさんの作品集『にんげんだもの』の中から、とても素敵な言葉を紹介します。

くるしいことだってあるさ
人間だもの
まようときだってあるさ
凡夫だもの
あやまちだってあるよ
おれだもの

ありのままの自分をしっかりと見つめ、しっかりと受け入れて生きていきたいものです。

弱さこそが宝になる

人間の不完全さや弱さにあたたかいまなざしを向けたものに落語があります。七代目立川談志さんが、「落語とは、人間の業《ごう》の肯定である」という言葉を残しています。

業というのは、理性ではコントロールできない心の働きのことです。私たちは、なかなか自分のことをコントロールできない、不器用で不完全な存在ですね。落語では、そのような人間の不器用さ不完全さにスポットを当てます。

落語に登場する主役たちは、決して立派な人物ではなく、見栄を張って知ったかぶりをした結果、墓穴を掘ったり、自分の失敗を隠そうとして、ない知恵をしぼったり、負けず嫌いな者どうしが意地の張り合いをしたり……、まさに人間の業を感じさせてくれるキャラクターたちなのです。

そんな人物たちにあたたかいまなざしを向け、愛すべき人たちとして描き、そのことによって人間の業を肯定するのが落語だというわけです（ただし、業の肯定というより業の受容といったほうが正確な表現ではないかと私は思います）。

談志さんは著書『あなたも落語家になれる』の中で、次のように述べています。

「忠臣蔵では、ふつうは四十七士が主役です。主君の仇を討つことを決意した浅野藩の四十七人が、苦心して仇を討ち、切腹するという話です。ところで浅野藩は三百人くらいは家来がいたはずだから、仇を討ちに行ったのは、たったの四十七人だけで、残りはみんな逃げちゃったわけです。逃げちゃった理由はいくつもあったでしょう。そして、逃げたことで世間からの非難も浴びたはずです。『あいつ逃げやがった』とか『卑怯者』などと言われたことでしょう。

ですが落語では、この逃げた人たちが主題になるのです。そこには善も悪もありません。良い悪いも言いません。つまり、人間てなァ逃げるものなのです。そしてその方が多いのですヨ。そしてその人たちにも人生があり、それなりに生きたのですヨ。こういう業を肯定してしまうところに、落語の凄さがあるのです」

落語の登場人物に限らず、私たち人間は本来、不器用で不完全な存在だし、弱さを持った存在です。そんな自分のことを「ダメだ」と責めるよりも、「これが人間だよな」と受け入れて生きるほうが楽しいですよね。

これこそ自己受容的な生き方です。

これは決して、「自分はどうせ変わらない」と、さじを投げるということではありません。

自分の不完全さや弱さから目を背けているときは、それらにいつ直面するかわからないという不安を抱えることになりますが、それらをしっかり見つめて、不完全さや弱さを含めた自分の全体をそのまま受け入れると、地に足がつき、心が安定します。すると、ワクワクするような向上心が自然に湧いてくるのです。

「こんな自分じゃダメだから変わらなければならない」という自己否定にもとづいて努力するよりも、自己受容にもとづく自然な向上心から行動するほうが、楽しいし、エネルギーが高いし、意欲が長続きするのです。

続いて、茨木のり子さんの詩集『鎮魂歌』から、詩を一編紹介します。

「汲む　―Y・Yに―」

大人になるというのは
すれっからしになることだと
思い込んでいた少女の頃
立居振舞の美しい
発音の正確な
素敵な女のひとと会いました

そのひとは私の背のびを見すかしたように
なにげない話に言いました

初々しさが大切なの
人に対しても世の中に対しても
人を人とも思わなくなったとき
堕落が始まるのね　堕ちてゆくのを
隠そうとしても　隠せなくなった人を何人も見ました

私はどきんとし
そして深く悟りました

大人になってもどぎまぎしたっていいんだな
ぎこちない挨拶　醜く赤くなる

失語症　なめらかでないしぐさ
子供の悪態にさえ傷ついてしまう
頼りない生牡蠣《なまがき》のような感受性
それらを鍛える必要は少しもなかったのだな
年老いても咲きたての薔薇　柔らかく
外にむかってひらかれるのこそ難しい
あらゆる仕事
すべてのいい仕事の核には
震える弱いアンテナが隠されている　きっと……
わたくしもかつてのあの人と同じくらいの年になりました
たちかえり
今もときどきその意味を
ひっそり汲むことがあるのです

この詩は、茨木のり子さんが、舞台女優の山本安英《やすえ》さん（詩のタイトルの中のＹ・Ｙ）に捧げた詩です。

山本安英さんは、自らが主演する「夕鶴」の公演において、公演回数一〇三七回の記録を打ち立てた大女優で、当時、その見事な演技は「まるで鶴の化身のようだ」と絶賛されたそうです。

茨木さんは、「大人になることは、世慣れて悪がしこくなることだ」と思っていた二十歳のころに山本さんと出会い、その生き方から大きな影響を受けたのです。

「すべてのいい仕事の核には、震える弱いアンテナが隠されている」という言葉が私は好きです。

私たちは、大人になるにつれて世慣れてしまい、純粋さを失ってしまいがちですが、できるならばいつまでも、自分の中の初々しさや繊細さ、そして弱さを大切にしていきたいものです。

自己受容の訓練法

自己受容を深めていくうえで最も有効な方法は、自分が感じていることを受け入れる訓練をすることです。つまり、自分の感情や気持ちを受容する練習をするのです。

自分の感情や気持ちをしっかり受容できるようになると、自分が自分であることの確かさを感じられるようになります。これはまさに自己受容が深まっているという証拠なのです。

しかし実際のところ、自分の感情や気持ちを受け入れるのは簡単なことではありません。なぜなら、私たちの心の中には「自分を見つめる自分」がいて、多くの場合、これが自分の感情や気持ちに対してけっこう手厳しいからです。

たとえば、悲しさや孤独感や無力感などの感情が湧いてきたとき、自分を見つめる自分が、「こんな感情を感じているようではダメだ」とか、「この感情はよくない感情だ。感じてはならない」などとダメ出しをするわけです。これではなかなか自分の感情を受け入れることができませんね。

人は子どものころに、「泣く」とか「はしゃぐ」とか「気持ちを伝える」などの形で自分の感情を表現し、そのことによって傷つくという経験を何度もします。たとえば、悲しさや悔しさを感じて泣いているときに、「いい加減、泣くのをやめなさい！　みっともない！」と親に叱られたり、「やーい、泣き虫、弱虫」と友達にからかわれたりして傷つきます。また、嬉しくてはしゃいでいるときに、大人から「調子に乗るんじゃない！　おとなしくしていなさい！」と叱られることもあれば、友達に「仲間に入れてほしい」と正直に気持ちを伝えたときに、「イヤだ」と拒否される場合もあります。

このように感情を感じて表すことによって何度も傷ついた結果、私たちは、自分の感情を感じることや表現することに抵抗するようになります。「自分を見つめる自分」が、感情にダメ出しするようになるのです。

しかし、抵抗し、ダメ出しをしたところで、その感情が消えるわけではありません。感じられなかった感情は、心の片すみに追いやられ、溜めこまれていきます。そして、私たちが意識できない領域から、私たちを振り回すようになってしまうのです。

また、自分の感情を抑えてばかりいると、自分が自分であることの確かさを感じられなくなるとともに、感情を感じるセンサーが鈍くなってしまって、他の人の気持ちを感じ取り理解する力も低下してしまいます。

このようなパターンから抜け出すためには、感情が湧いてきたときに、まず「自分を見つめる自分」がそれに気づいて、感情が湧いてきたこと自体を受け入れるようにするといいのです。

これをやっていくと、「自分を見つめる自分」が、受容的・共感的な目線で自分を見つめられるようになっていき、自己受容も深まるし、他者受容もできるようになっていくのです。

より具体的なやり方をお伝えしましょう。たとえば、自分が悲しい気持ちになっていることに気づいたら、「悲しいんだね」と自分にささやきかけるのです。心の中でささやきかけてもいいし、自分だけに聞こえるくらいの小声でささやきかけてもかまいません。

このとき、悲しい感情を感じていることをあと押しする意味で、「それでいいんだよ」という言葉も付けるといいでしょう。このような言葉は、感情にダメ出しする習慣をゆるめていく効果があります。

そしてこれをやり続けていくと、自分の感情に気づく力も高まりますし、また、感情に振り回されにくくなります。

私たちは、強い感情が湧いてきたときに、その感情に呑み込まれて冷静さを失い、その感情のままに行動してしまうことがありますが、それは、その感情と自分が同一化してしまい、その感情を客観視する視点を完全に失ってしまうからです。

ところが、湧いてきた感情に気づいて、「悲しいんだね」とか「怒っているんだね」とか「不安なんだね」などと自分に声をかけた場合は、その瞬間、私たちは感情を見つめる側の視点に立っているので、その感情と同一化せずに、それを客観視できているのです。

それでいて、その感情が湧いてきたことを受容していますので、その感情を否定したり無視したりしているわけではありません。その感情に呑み込まれることなく、その感情を受け入れているのです。

カウンセラーがクライアントの考えや気持ちを受け入れ、それをあと押しするような言葉を返すことを「支持」といいますが、自分にささやきかけるときは、それを自分にやってみてください。自分を「支持」することを意識するのです。
これも、感情にダメ出しする習慣をゆるめる効果があります。

たとえば、友達から批判的なことを言われて、怒りが湧いてきたとしましょう。それも相手を殴りたくなるくらいの強い怒りだとします。

そんなとき、自分自身に対して、「怒っているんだね。それでいいんだよ。だって、あんなことを言われたんだから、怒るのは無理もないよ。あんなこと言われて傷ついたね。あんなこと言われたら悲しいよね。それでいいんだよ」といった感じで声をかけると、次第に冷静になってきます。

この例では、「それでいいんだよ。だって、あんなひどいことを言われたんだから、怒るのは無理もないよ」のところが「支持」ですね。
ここで大切なポイントがあります。支持は感情に対してするということです。
つまり、「怒り」に対しては「怒るのは無理もないよ」と支持しますが、決して、「相手を殴る」という行動を支持するわけではありません。支持し受容するのは、自分の中で起きている感情であって、具体的な行動ではないのです。

以上、感情に呑み込まれることなく、その感情を受け入れる方法をお伝えしました。

この方法は、「自分を見つめる自分」の目線を受容的・共感的なものにして、自己受容を深めることにつながるとともに、自分に起きていることを自覚する力も高めます。ぜひ実践し、習慣にしてみてください。

感情とのつきあい方

自分の中に湧いてきた感情を受け入れる言葉を自分にささやきかけたときに、その感情を感じることができそうだったら、そのままじっくり感じてみるといいでしょう。感情は十分に感じて味わうと解放されます。

また、何かの感情を感じていて涙が出てきたときは、そのまま思いきり泣くとスッキリします。これは涙のカタルシス効果（感情を浄化する効果）です。

しかし、感じるにはあまりにも苦しい感情や、感じると呑み込まれてしまいそうな強い感情もありますね。このような感情を無理に感じて解放しようとすることはおすすめできません。精神がバランスを崩して情緒不安定になったり、心がダメージを受けたりする場合もあります。

感情を感じていて苦しくなったときや、呑み込まれそうになったとき、あるいは、その感情を感じることに怖れがあるときは、その感情と直面するのを避け、他のことに意識を向けるなどして気分転換をするのがいいと思います。また、その感情の原因になっている出来事や問題がはっきりしている場合は、それを現実的に解決することも有効です。

私たちの心には、「受け入れがたい感情や体験に直面することを避けることで、自分の心を守ろうとする無意識の働き」が備わっており、これを「防衛機制」と呼びます。たとえば、「感じるのがあまりにも苦しい感情を、無意識下に抑え込んで蓋《ふた》をすること」を「抑圧」といいますが、これは防衛機制の代表的なものです。直面すると自分が脅かされそうな感情や、心がかき乱されるような感情を抑圧することで、私たちは自分の心を守っているのです。

ただし、抑圧には、自分の心を守るために必要な抑圧もあれば、習慣的にやってしまっている抑圧もあります。

感情を感じないようにすることが習慣になっている場合は、自分で感じて解放できるような感情までも抑圧してしまっていることが多く、そのためさまざまな感情を無意識下に溜めこんでいます。溜めこまれた感情は、爆発してしまうこともあれば、生活の中で漏れ出てきて、私たちを振り回すこともあります。

そこで、自分の中に生じた感情に気づいたときは、それを受け入れる言葉をささやきかけたうえで、感じることができそうだったら感じて味わってみるといいのです。

たとえば、人に対して「ノー」を言ったときに相手が不機嫌になり、その相手の反応を見て、自分の中に不安や罪悪感などの感情が湧いてきたとします。この場合、その不安や罪悪感を自分の感情として引き受け、しっかり感じることができると、気持ちが落ち着いてきます。

人に対して「ノー」を言えない人は、相手に不機嫌になられたときの不安や罪悪感を感じるのを避けようとして、つい「イエス」と言ってしまうわけですが、こうした不安や罪悪感を自分で感じて味わうことを何度か体験すると、「自分の感情は自分で引き受けてなんとかできる」という自信がつき、より楽に「ノー」を言えるようになります。

逆の場合も考えてみましょう。相手に境界線を引かれたとき、つまり相手から「ノー」を言われたときに、自分の中に悲しさや寂しさが湧いてきたとします。このようなケースで、その悲しさや寂しさを感じるのを避けようとする人は、相手に「ノー」を言わせないよう、相手をコントロールしようとしてしまいがちです。逆に、こうした悲しさや寂しさをしっかり自分で引き受けて感じることができるようになると、相手の境界線を尊重できるようになり、相手が「ノー」を言うのを受け入れることができるようになるのです。

もう一つ例を挙げてみます。何かに全力でチャレンジしたのに結果を出せず、自分の中に挫折感や無力感やがっかりな気持ちが湧いてきたとします。

この挫折感や無力感やがっかりな気持ちを感じるのを避けようとする人は、何かに全力でチャレンジすることをしなくなってしまいますが、これらの感情を自分で感じて味わうことができるようになると、これらの感情を感じることへの怖れが減少し、ものごとに何度でもチャレンジできるようになるのです。


私たちは、自分の感情を自分で引き受けて感じることができるようになるほど、自己受容が深まり、他者をも受容できるようになり、思いどおりにならないことも含めて、人生を楽しむことができるようになります。

ただし、しつこいようですが、感じるのが苦しい感情を無理に感じようとしないでください。「自分づくり（自我の確立）」を着実に進めていくと、感情を感じるための心の器もしっかりしてきて、やがて自然に、そういった感情を扱えるときがくると思います。まずは、今の自分が無理なく感じられる感情に取り組んでみてください。

自分の中の怒りに対処する方法

感情を感じることに関して、気をつけていただきたいことが一つあります。

怒りやイライラや恨みなどの攻撃的な感情に対しては、その感情の存在を受け入れて、「怒っているんだね」「イライラしているんだね」「恨んでいるんだね」と自分にささやきかけるのはよいのですが、これらの感情を感じて味わうことは避けたほうがいいということです。

これらの攻撃的な感情は第二感情と呼ばれ、単独で生じることはありません。この第二感情の前には必ず第一感情（元になる感情）が生じており、その第一感情を感じたくないがゆえに、第二感情によって覆い隠しているのです。

たとえば、部下から批判的なことを言われた上司がいて、その上司の中に怒りが湧いてきたとします。この場合、いきなり怒りが湧いてきたように感じられますが、実はその前に、第一感情が生じていたはずなのです。

この人は、自分が上司の立場であるにもかかわらず部下から批判されたわけですから、本当は悲しかったり、惨めな気持ちだったりするのかもしれません。だとしたら、それが第一感情です。

しかしこの人は、第一感情を認めたくないし感じたくないので、「自分をこんなに悲しい（惨めな）気持ちにさせる部下はゆるせない」という論理で、無意識のうちに怒りという第二感情にすり替えているのです。

第二感情は、それを感じ、それに浸《ひた》っていると、その感情がますます増幅してしまうという特徴があります。

たとえば、怒りに浸っていると、怒りを増幅するような思考や想像が湧いてきて、ますます怒りが激しくなってきます。

ですので、怒りなどの第二感情に対して、まず「怒っているんだね」と自分に声をかけて、その第二感情を受け入れるとともに、それを客観視するのはとてもいいのですが、その第二感情をそのまま感じることはしないほうがいいのです。そして、その元にある第一感情を探って見つけ出し、「悲しいんだね」「惨めな気持ちなんだね」と、その第一感情を受け入れる言葉を自分にささやきかけて、その第一感情のほうを感じて味わうようにします。

ですが、第一感情が何なのか、なかなかわからないこともあると思います。たとえば、第一感情が心の傷に直結するものである場合など、その第一感情をしっかり覆い隠すことが必要なときもありますから、第一感情がなかなか見つからないときは、無理に探ろうとしないほうがいいのです。また、第一感情が見つかった場合でも、それを感じるのが苦しい場合は、無理して感じないようにしてください。

ここで、怒りという感情に関して知っておいていただきたいことを、いくつかお話ししておきます。

まず、「怒りの感情にも意味がある」ということをわかっておくことは大切です。怒りの感情を悪いものだと一面的に考えてしまうと、怒りの感情が湧いてきたときに受け入れられず、怒ってしまっている自分にますますイライラし、冷静さを失います。

怒りは、感じたくない感情（第一感情）が自分の中に生じていることを教えてくれるサインであり、対処が必要な問題があることを教えてくれるものでもあります。怒りのエネルギーを建設的な行動に向ければ、第一感情の原因になっている出来事や問題を現実的に解決する原動力にもなります。

それから、子どものころ親に対して怒りを表すことをゆるされなかった人は、外に向けられない怒りや攻撃を、自分に向けるようになりがちです。自分を責めるようになるのです。

このような人が心理的により健康になっていく過程においては、人に対する怒りの感情が戻ってきます。つまり、自分に向けていた攻撃心を外に向けられるようになるのです。これは心の健康上は好ましいことなのですが、怒りのままに人を攻撃してしまうと、相手を傷つけてしまうし、トラブルになってしまいかねません。ですので、怒りをうまく吐き出す方法を知っておく必要があります。

怒りを吐き出すおすすめの方法は、怒りの感情を紙に「書きなぐるように」書くことです。書いていて、悲しみや孤独感などの第一感情に気づいた場合は、それも紙に書くといいでしょう。

書き終えた紙は、誰にも読ませず、ビリビリ破って捨てるか、火をつけて燃やすことをおすすめします。

拙著『鏡の法則』の中で、父親に対して「ゆるせない」という気持ちがあることに気づいた主人公の栄子に、アドバイザー的存在である矢口氏が、次のように言います。

「お父様に対する『ゆるせない』という気持ちを存分に紙に書きなぐってください。怒りをぶつけるような文章でもけっこうです。『バカヤロー』とか『コノヤロー』とか『大嫌い！』とか、そんな言葉もOKです。具体的な出来事を思い出したら、その出来事も書いて、『そのとき、私はこんな気持ちだったんだ』ってことも書いてみてください。恨み・つらみもすべて文章にして、容赦なく紙にぶつけてください」

そして栄子は、父親に対する怒りや恨みの感情を気がすむまで書きなぐり、それまで抑え込み溜め込んできた感情を、吐き出すことができたのです。

刑務所で受刑者の更生支援にも関わっている岡本茂樹さんが、著書『反省させると犯罪者になります』の中で、「問題行動が起きたとき、厳しく反省させればさせるほど、その人は後々大きな問題を起こす可能性が高まる」と述べています。

悪いことをした人にすぐに反省させ、「すみません」「二度とやりません」と謝罪させる方法は、むしろ同じ過ちをくり返すリスクを高めることになるというのです。

たとえば、暴力行為をした人に、「相手の気持ちになって反省し、反省文を書きなさい」という指導をすると、とても立派な反省文を書いたりするのですが、これでは根本的な解決にならないのです。

暴力行為をした人は、相手（被害者）に対する怒りや不満などの否定的感情から暴力行為におよんだわけです。それらの感情を無視して、いきなり反省をさせると、それらの感情が抑え込まれてしまいます。そして、こういったことをくり返せばくり返すほど、抑え込まれた否定的感情は蓄積し、肥大化し、再び爆発する可能性が高まるのです。あるいは、爆発するかわりに、心の病になる場合もあります。

岡本さんは、相手に対する否定的感情を何らかの形で外に出すことの必要性を述べていて、その方法の一つとして、相手に対する手紙を書くことを奨めています。ただしこの手紙は、実際に相手に読んでもらうものではありません。相手に対する否定的感情を吐き出すツールとして、相手には読んでもらわない手紙、つまり架空の手紙を書くのです。

こうした方法などを使って、否定的な感情を吐き出すことができると、人は自然に相手の立場に立つことができます。このときはじめて、暴力行為や犯罪におよんだ人は、心から反省をし、同じ過ちを犯さないようになるのです。

以上、この節では第二感情についてお話ししました。

第二感情の攻撃的なエネルギーに呑み込まれるのではなく、それにうまく対処することで、心の健康度を高めていきたいものですね。

「悲哀の仕事」によって喪失の悲しみから立ち直る

私たちは、人生においてさまざまな喪失体験をします。
大切な人と別れたり、大事なものを失ったり、できていたことができなくなったり、それまで担ってきた役割を失ったり、目標や生きがいを見失ったり……。
こうした喪失体験は本当に辛く、悲しいものです。

この悲しみを癒し、喪失の傷から回復していくプロセスを「悲哀の心理過程」あるいは「悲嘆のプロセス」といいます。また、このプロセスにおける心の営みをフロイトは「悲哀の仕事」と呼びました。

このプロセスにおいて私たちは、思慕の情、孤独感、空虚感、不安、絶望感などのさまざまな感情をともないながら悲しみを味わいます。こうした感情体験をすることが「悲哀の仕事」であり、これを体験することで、私たちは自らの心を整理し、喪失したことに対するあきらめと受容の心境に達するのです。

もちろん、悲しみが完全に消えるわけではありませんが、悲しみは私たちが扱える大きさになり、私たちは新たな人生を歩んでいけるようになるのです。

小此木啓吾さんが著書『対象喪失』の中で、対象（以下の引用箇所においては大切な人のこと）を失ってしまったときの「悲哀の仕事」について述べているところを、以下引用します。

「もはや相手がいなくなってしまった、いくら会おうと思っても会うことができない。このことは、頭ではよくわかっている。しかし、どうしても会いたいと思う思慕の情は、決してわかっただけで消えるものではない。そしてまたその対象が自分にとって大切なものであればあるほど、その対象に依存していれば依存しているほど、われわれはそれを失った苦痛に耐えることができない。それはなにかのまちがいだ、そんなことはありっこないという、現実否認の気持も強くなる。

あるいはまた、まだどこかに生きているのではないか、もう一度探し出せるのではないか、なんとかして取り戻したい、という気持にかられて、さまざまな空しい努力を企てる。それでも無駄とわかると、どうして行ってしまったのかと、自分を見棄てた対象をうらんだり、責めたりする気持にもなる。またその運命を呪い、誰かのせいにして、運命を変えようとすることもある。

なんとかして対象を失うまいとするこれらのさまざまな情緒体験の中で、最終的には、対象を取り戻そうとする試みが不毛であり、自分にはとてもそれは不可能だと心からわかるとき、激しい絶望が襲い、すべてを投げ出した悲嘆の状態に陥る。

実はわれわれは、死別であれ、生き別れであれ、愛情・依存の対象を失うとき、すくなくとも一年くらいのあいだは、これらの情緒体験を、心の中でさまざまな形でくり返す」

以上のような体験をすることが「悲哀の仕事」であり、これは私たちが立ち直るために必要なプロセスなのです。しかし、その途上で、悲しみなどの感情を感じまいとして抑え込んでしまうと、「悲哀の仕事」は完成しません。それらの感情は解放されないまま残ってしまい、私たちを振り回すようになります。

ただし、あまりに悲しみが大きすぎて、「その悲しみに耐えられない」と感じるときや、「今はまだ心の準備ができていない」と感じるときは、無理をしてまで悲しみを感じようとせず、心の準備が整うのを待ったほうがいいと思います。

また、大きな喪失体験をした直後は、感情や現実感覚が麻痺し、私たちは茫然自失状態になりますが、これは防衛機制が自然に働いて、大きな悲しみに直面することから心を守っているのです。

ところで、失恋して落ち込んでいる人は、失恋をテーマにした曲を聴きたくなりますね。これは本能的に、自分の心と同質の曲、つまり失恋の悲しさを表現した曲を聴き、そのことで悲しみを感じ、味わい、癒そうとしているのです。

こんなとき、友達から「この曲でも聴いて、元気を出して」と言われてアップテンポの陽気な曲を聴かされても、心が受けつけませんよね。

一九六〇年代に大ヒットした歌謡曲に美空ひばりさんの『悲しい酒』があります。当時は高度経済成長の時代の真っただ中で、多くの日本人は、自分の感情をじっくり感じるひまもなく、自分の中の悲しみや孤独感を抑圧して、経済活動に励《いそし》んでいました。

そのような時代に、人々はこの曲を聴いて自分の中の悲しみに気づき、味わい、そして癒したのだと思います。かくしてこの曲は、国民的な大ヒット曲になりました。

悲しみや不安や孤独感などの、できれば味わいたくない感情のことを仮にネガティブな感情と呼ぶことにしますが、人は、自分の中のネガティブな感情を抑圧していると、他の人のネガティブな感情を受け入れることができなくなります。

たとえば、自分の中の悲しみを抑圧している人は、他の人が悲しみを感じることをも抑圧したくなり、「悲しむのはやめて、元気を出しなさい」などと人に言ってしまうのです。

逆に、自分の中のネガティブな感情を受け入れている人は、他の人が悲しんだり、不安になったり、孤独感を感じたりするのを共感的に受け入れることができます。つまり、人に優しくなれるのです。

「優しい」の「優」という字を見ると、「人」の横に「憂い」とあります。憂えている人の横に、人が寄り添っているようです。「辛いんだね」「悲しいんだね」と共感し、寄り添う姿を「優」の字は表しているのです。

また、武田鉄矢さんの『贈る言葉』という歌の中に、「人は悲しみが多いほど人には優しくできるのだから」という言葉が出てきますが、悲しみに直面したとき、それをちゃんと感じて味わうという経験をしっかり積んできた人ほど、他の人の悲しみに深く共感できるということだと思います。

常にポジティブであろうとすることの危険性

小此木啓吾さんは、著書『対象喪失』の中で、現代人が「悲しむ能力」を失ってしまったことを指摘しています。

愛する対象や依存する対象を何らかの形で失うことを対象喪失といいますが、現代人の多くは、対象喪失の体験をしたときにちゃんと悲しむことができないため、いたずらに困惑し、自分の全能感が満たされぬ怒りをもてあまし、短絡的な行動に奔《はし》りがちな傾向があるのです。

小此木さんは、現代人が「悲しむ能力」を失ってしまった背景について、同書の中で次のように述べています。

「対象喪失は、どんなに人間があがいても、その対象を再生することができないという、人間の絶対的有限性への直面である。ところが現代社会は、人類のこの有限感覚をわれわれの心から排除してしまった。ＴＶ、飛行機、車、宇宙船、抗生物質をはじめとする医療テクノロジーの急速な進歩、冷暖房をはじめとする電気製品。（中略）いまや科学少年の魔法の夢はかない、全能感はみたされてしまった。（中略）いつのまにかわれわれの基本的有限感覚は稀薄になり、全能感はますます巨大になってしまった。そして全能感に支配された人間には、対象喪失の悲哀は存在しない。かけがえのない絶対に代りのきかない存在は、心から排除されてしまうからである。

そしてまたこの動向は、自分にとって苦痛と不快を与える存在は、むしろ積極的に使いすてにし、別の新しい代りを見つけだすほうが便利だし、実際にそうできるという全能感を人びとにひきおこしている。死んで葬り去れば縁がなくなるし、醜く年老いた者は実社会から排除すればよいいし、うまくいかなくなった男女は別れて、それぞれ新しい相手を見つければよい。できることならば、学校や職場も気に入らなければ、自由に変えられるほうがよい。（中略）すくなくとも人びとの幻想の中では、こうした全能の願望がすべての対象とのかかわりを支配しようとしている」

現代人の多くは万能感・全能感に支配され、悲しみを感じる力を失ってしまったというわけですね。これはつまり、現代人の自我が脆弱化してしまっているということでもあります。

大切なものを失ったときに、そのことを認め、それにともなう悲しみを感じるためには、それに耐えられるだけの自我の力が必要です。「人生は思いどおりにはならないものだ」という現実への直面に耐えられるだけの、自我の安定度が必要なのです。現代人は、そのような自我の力が弱まっていると思われます。

悲しみや現実への直面に耐えるだけの力が自我にない場合に、自らの心を守るために行われる防衛機制の一つに「躁《そう》的防衛」があります。

この躁的防衛とは、悲しみに直面するのを避けるべく、自分を常に躁状態（ポジティブでハイテンションな状態、気分が高揚した状態）に保とうとするものです。心を躁状態にすることで、「大切なものを失ったという事実」や「人生が思いどおりにはならないという現実」に直面するのを避け、万能感を保持し、心を守るわけです。しかし、躁状態を保とうとするあまり、仕事への過度の没頭、過度の飲酒、ギャンブル、浪費、不倫、不特定の相手との性行為、薬物乱用などへの依存に陥っていく危険性があります。

躁的防衛は、大きな悲しみから一時的に自分の心を守るうえでは有効なのですが、このやり方に依存するようになってしまうと、悲哀の仕事が完了しないだけでなく、さまざまな弊害が起きるのです。

そのような依存に陥らないためにも、また、「悲しむ能力」を取り戻して、自らの心に生じるさまざまな感情を豊かに感じられるようになるためにも、自我の確立にコツコツと取り組みながら、自分の感情に気づき、感じる訓練をしていくことが大切です。

悲哀のメロディーが共感能力を育む

以前、山折哲雄さんが講演の中で、次のような話を紹介されていました。

今から二十数年前のこと、ある全国紙の投稿欄に、一人の若い母親からの投稿が掲載されました。「子どもを寝かしつけようとして子守唄を聞かせたら、子どもは眠るどころか、逆にむずかり始めました。そして、布団にもぐりこんで拒否反応を示しました」という、困惑を訴える投稿でした。

そしてその翌日から、その新聞社に、同じ悩みを訴える母親の投稿が、全国から殺到したのです。

この現象の原因はすぐにはわからなかったのですが、翌年になって、一人の作家が次のような考えを発表しました。

山折さんのお話からすると、おおよそ次のような内容だったようです。

「生まれた子どもたちは、どんな音環境で育つのか。それを調べてみると、今の子どもたちはテレビの音を長時間、聞いて育つことがわかった。そして、そのテレビから聞こえてくる音楽といえば、朝から晩まで流れているCMの音楽だ。このCMの音楽は、明るい曲、陽音階の曲ばかりで、短音階（マイナー）、短調、陰音階の曲がほとんどない。つまり悲哀のメロディーがほとんどない。だから今の子どもたちは、悲哀のメロディーに触れる機会が少なく、その結果、それに対する拒否反応を示すようになる」

当時（今から二十数年前）、これを読んだ山折さんは、「これは恐るべきことではないか」と直感したそうです。

さらに山折さんが調べてみると、幼児教育や小学校の低学年教育の音楽教材から、『五木の子守唄』『竹田の子守唄』『島原の子守唄』など、悲哀感あふれる歌詞とメロディーを特徴とする子守唄がすべて姿を消していました。

山折さんは危惧しました。「悲哀のメロディーを聞かずに育ち、悲哀のメロディーに拒否反応を示す子どもは、他人の悲しみに共感したり、他人の痛みを理解したりできるようになるのだろうか」

そして、それから十年くらい経ったころから、共感性を欠いた若者による犯罪や事件や現象が頻発するようになりました。

若者たちによるおやじ狩りやホームレス狩りが社会現象になりました。十三人の死者と六千三百人の負傷者を出した地下鉄サリン事件も、逮捕された関係者の多くが若者でした。神戸連続児童殺傷事件は中学生による、光市母子殺害事件は十八歳の少年による、秋葉原無差別殺傷事件は二十五歳の若者による犯行でした。

もちろん、このような事件が起きたからといって、若者たちが全体的に共感性を失っていると決めつけるのは早計だと思います。今の若者の中にも深い共感性を持っている人たちはたくさんいます。

しかし、悲しみが排除された環境の中では、共感性が育ちにくいことも確かです。これまで、子守唄に代表される悲哀のメロディーは、子どもの共感性や優しさを育むうえでも重要な働きをしてきたものと思います。ぜひとも、次の世代に歌い継いでいきたいものですね。

また、小説や映画の名作の中にも悲劇はたくさんありますし、詩や和歌などにも悲哀の情感が込められたものがたくさんあります。これらの作品をじっくり味わうことも、私たちの情操を豊かに育むことになると思います。

自立のためには依存も必要

小さいときに、親に十分に甘えることができた子どもは、やがてその親が心の中に内在化するようになり、実際の親がいなくても安心して外に冒険に行けるようになります。つまり、十分に甘えることができた子どもは、自然に心が自立していくのです。

逆に、親に十分に甘えることができなかった子どもは、大人になっても心理的になかなか自立できないケースが多いのです。表面的には自立した「よい子」「いい人」を演じることができても、心の中に十分な安心感が育っていないため、何かに強く依存せざるをえず、本人の自覚しないところで過度に依存的になってしまいます。

ここでいう「甘える」というのは、親にわがままを言うとか、親に反抗するということも含みます。もちろん親のほうにも都合がありますから、子どものわがままに奉仕する必要はありませんし、親も人間ですから、反抗する子どもと言い合いをしてもいいのです。しかし、子どもがわがままを言うことや反抗することをゆるしてやることは大切です。子どもにとっては、わがままを言うことや反抗することがゆるされているということは、親に甘えることができているということなのです。

土居健郎さんが齋藤孝さんとの共著『「甘え」と日本人』の中で、「小さいときに手のかからなかった子どもは、大きくなってから危ないんですね。小さいときにある程度、親との間で、ドンパチやっているほうが、あとは安全っていうことが多い。これはまず間違いありません」と述べていますが、これはまさに、子どものときに十分に甘えることの大切さが語られているのです。

しかし、子どものころ十分に甘えることができずに大人になった人や、「自分は心理的にあまり自立できていないな」と感じる方も少なくないと思います。

では、大人である私たちが心理的に自立していくためには、どのようにすればいいのでしょうか。そして、そもそも心の自立とは、どのような状態をいうのでしょうか。


まずは、「心の自立」と「依存」の関係から考えてみましょう。一般的に、「自立」と「依存」は対立する概念であるという印象がありますが、「心の自立」は「依存」と対立するものではありません。

畠中宗一さんが著書『情緒的自立の社会学』の中で、「より高い情緒的自立を獲得するためには、甘えや依存が必要である」と述べています。「甘え」や「依存」は自立するために不可欠なものなのです。

また、河合隼雄さんは、著書『こころの処方箋』の中で、次のように述べています。

「自立と言っても、それは依存のないことを意味しない。そもそも人間は誰かに依存せずに生きてゆくことなどできないのだ。自立ということは、依存を排除することではなく、必要な依存を受けいれ、自分がどれほど依存しているかを自覚し、感謝していることではなかろうか。依存を排して自立を急ぐ人は、自立ではなく孤立になってしまう」

自立とは、まったく依存しなくなることではなく、自分が依存していることを自覚し、そのことに感謝できるようになることだ、と河合さんは述べています。

つまり、心理的に自立するということは、謙虚になるということでもあるのです。

逆に、「私は誰にも依存していない。自分の力だけで生きている」と思っている人がいるとしたら、その人は、自分がさまざまな人やものに依存していることを自覚していないだけであり、そのような心理状態は自立しているとはいえません。

畠中さんも河合さんも、健康的な形で甘えたり依存したりすることを含めて「自立」という言葉を使っており、それこそが本当の自立であると述べています。

一方、精神分析家のハインツ・コフートや『7つの習慣』の著者であるスティーブン・R・コヴィー博士は、依存の重要性をより強調した言葉を使っています。

コフートは、「自立ではなく、成熟した依存を発達のゴールにすべきだ」と述べ、また、コヴィー博士は、「最終的なゴールは自立ではなく相互依存である」と述べています。二人とも、「依存を排除する自立」ではなく「健康的な依存」を目指すべきだと提唱しているのです。

河合さんや畠中さんのいう「自立」は、「健康的な依存を含んだ自立」ですので、コフートのいう「成熟した依存」やコヴィー博士のいう「相互依存」とも非常に近い概念だと捉えていいと思います。

そして、彼ら四人に共通しているのが、「人が幸せに生きていくうえで、健康的な依存が不可欠なものである」という考えなのです。

「健康的な依存」の四つの要素

健康的な依存とはどのようなものなのでしょうか？

まず、健康的な依存の一つ目の要素として、一方的な依存ではなく、持ちつ持たれつの相互依存であること、そして二つ目の要素として、おたがいが相手の境界に侵入しないだけの自立を保ったうえでの依存であることが挙げられます。

「私の欲求を満たしてほしい」「私を愛してほしい」と相手に要求するばかりで、相手側の立場に立とうとしないのは、一方的で不健康な依存です。また、相手の考え方や感じ方に注文をつけたり干渉したり、あるいは相手をコントロールしようとしたりするのも、相手の境界に侵入しているので、自立度の低い不健康な依存といえます。

適度に甘え合い、適度に依存し合いつつも、二人の間に境界線がしっかり引かれていて、おたがいがその境界線を越えて相手のほうに侵入しないだけの自立をそれぞれ保っている状態、それが健康的な依存です。「相手は自分と違う人間であり、自分の思いどおりになる存在ではない」という前提で、相手の考え方や感じ方を尊重し、また、相手が自分の境界に侵入してきたときには、ちゃんと「ノー」を言うことができ、そのうえで甘え合い依存し合うのが健康的な依存なのです。

ただし、このような基準は、親子の関係には当てはまりません。子どもが小さいときほど、親に一方的に依存したり、一方的に甘えたりするのは自然なことであり、それはむしろ健康なことであるといえます。

話を、私たち大人の依存に戻しましょう。自分の心の自立度がある程度の高さで保たれている場合は、自分の欲求を相手が満たしてくれなかったときや、自分の甘えを相手が受けとめてくれなかったときに、ちゃんとあきらめることができます。つまり、「がっかり」や「残念」や「孤独感」などの感情を自分で引き受けて、「がっかりだなあ」「残念だなあ」「寂しいなあ」と感じて味わい、そのうえであきらめることができるのです。

一方、不健康な依存の場合は、同じような状況で被害者意識になってしまう傾向があり、自分の欲求を満たしてくれない相手を恨んだりしがちです。自分の欲求を満たしてほしいという気持ちをあきらめきれず、そのため被害者意識や恨みの気持ちが出てくるわけです。

土居健郎さんが著書『「甘え」の構造』の中で、「うらむ」「ひがむ」「すねる」「ひねくれる」などの態度や「被害者意識」が、いずれも甘えの心理に密接につながっていることを指摘しています。

自分がそのような状態（たとえば被害者意識）になったときに、「相手に甘え過ぎていたのかもしれない」「相手に期待し過ぎていたのかもしれない」という視点で自分を見つめ直すことができたら、自分の依存のあり方を自覚するきっかけにもなりますね。

ここで、健康的な依存の三つ目の要素として、依存していることに対する自覚があることを挙げたいと思います。自分が依存していることを自覚できていないとき、私たちは、傲慢になってしまって、謙虚さを失ってしまいます。そして、自分の欲求が満たされない原因を相手に責任転嫁してしまいます。

依存することも甘えることも決して悪いことではなく、生きていくうえで必要なことです。自分が依存して生きていることをしっかりと自覚し、認めたいものですね。

健康的な依存の四つ目の要素は、自分で決めることができるということです。相手の機嫌を気にするあまり、何かを自分で決められないとしたら、それは相手に依存し過ぎているのです。そして、相手の価値観や心理状態に振り回されることになってしまいます。

また、人生における重要な選択を自分で決めることができず、何かの決定をする都度、親の意見にしたがったり、カリスマ的なリーダーやカルト宗教の教祖のような人の言うことにしたがったりするのは、やはり不健康な依存といえるでしょう。人の意見を参考にするのはよいのですが、自分で決められないとしたら、そこに不健康な依存が生じているのです。

心の自立度を高める方法

健康的な相互依存の関係を人と築いていくためには、自分の甘えを受け入れてもらうことを期待する前に、まずこちらが相手の甘えを受け入れることから実践するのがいいと思います。相手に期待する前に、自分ができることを実行するのです。

ただし、相手の甘えを受け入れるというのは、相手の要求にしたがうということではありません。相手を過剰に甘やかすということではないのです。甘えを受け入れるというのは、相手の要求の背後にある相手の気持ちを受け入れるということなのです。例を挙げて考えてみましょう。

A男とB子は東京に住む夫婦です。来月、B子の父親（故人）の七回忌が、B

子の故郷の札幌であります。B子はA男に「私のお父さんの法事なんだから、あなた、私と一緒に札幌に帰ってよね」と言いました。

ところが、その法事の日は、A男が責任者として一年かけて取り組んできたプロジェクトの集大成となるイベントの日と重なっていたのです。「悪いけど、その日はどうしても抜けることができないイベントがあるんだ。僕が責任者だからね」とA男は断りましたが、それに対してB子は怒り出しました。


「あなたは私と仕事のどっちが大事なの！　信じられないわ！　私のお父さんの七回忌だっていうのに、私が一人で帰ったら、私が恥ずかしい思いをするのよ。親戚から『夫婦がうまくいってないんじゃないか』って勘ぐられるに決まってるわ。あなたの代わりの誰かにイベントを指揮してもらうことくらい、今から準備すれば、一ヵ月もあるんだからできるはずよ」

「たしかに代わりの人に頼むことも可能かもしれない。だけど僕は、どうしてもこのイベントは自分が指揮したいんだ」

「ひどいわ！　私よりも仕事を選ぶなんて、ゆるせない。あなたなんて嫌いよ」
「僕に一緒に帰ってほしいって、心から望んでいるんだね。それだけに、一緒に帰れないと言っている僕のことを、ひどい夫だと思うんだね。そして君には、僕が君よりも仕事を大切にしているように感じられて、それがゆるせないんだね。もちろん、そんなつもりはないし、君のことは大切に思っているけど、今回は君の期待に応えられなくてごめんね」

以上の例は、Ｂ子の甘えをＡ男が受け入れているケースです。
相手の甘えを受け入れるというのは、相手が何かの要求をしてきたときに、必ずしもその要求に応えるということではありません。Ａ男がやっているように、相手の気持ちを受け入れるということなのです。

この例でＡ男は、まず自分の気持ちを大切にし、自分の選択を率直にＢ子に伝えています。そして、Ｂ子が怒りをぶつけてきたときは、怒りをぶつけてきたＢ

子を責めるのではなく、「ゆるせないんだね」と気持ちを受けとめています。これが甘えを受け入れるということなのです。

もしもA男の心の自立度が低かったら、「私と仕事のどっちが大事なの?」と言われたときに、罪悪感が強く働いてしまい、その結果、自分の気持ちを抑えてイベントを欠席し、B子の要求にしたがったかもしれません。しかしこれでは、A男にも不満が溜まってしまい、B子を受容するどころではなくなりますね。

ですがA男は、心の自立度が高かったので、まず自分の気持ちを大切にすることができました。だからこそ、B子の甘えも受け入れることができたのです。

では、私たちはどのようにすれば、心の自立度を高めていけるのでしょうか。どのようにすれば、相手に過度な依存をしない人間に、さらには相手の甘えをも受け入れられる人間になれるのでしょうか。

根本的にして非常に有効な方法は、自分の欲求を満たす習慣を作ることです。

私たちは心の中に、「休養を取りたい」「ワクワクすることをやりたい」「もっと知りたい」「何もせずに、ぼーっと過ごす時間が欲しい」「身体を動かしたい」「リラックスしたい」などのさまざまな欲求を持っています。そして、それらを適度に満たすことによって私たちの心は満たされ、その結果、心の中に安心感と余裕が生じます。さらに、この安心感と余裕が大きくなってくると、人やものに過剰に依存する必要がなくなり、相手の気持ちを受け入れるゆとりも出てきます。つまり、心の自立度が高まるのです。

しかし、現代人の多くは、自分の欲求に意識を向けることをあまりしないため、自分の大切な欲求に気づいていない場合がよくあります。あるいは、自分の欲求にうすうす気づいていても、忙しさのあまり、それを満たす方法を考えて実行するひまがないケースもあります。

欲求が満たされないことによるフラストレーションが溜まると、心がバランスを崩してしまいます。そして、このような不安定な心理状態から、人や物への過度な依存に駆り立てられることもあるのです。

私たちは、まず自分の欲求に気づく必要があります。

自分の欲求を探るうえで、ウィリアム・グラッサー博士のいう「五つの基本的欲求」も参考になります。博士によると、人は皆、次の五つの基本的欲求を持っています。

一つ目は「生存の欲求」で、身の安全を守りたいとか、健康でありたいといった欲求です。二つ目は「愛・所属の欲求」で、愛したいとか、愛されたいとか、仲間の一員でありたいといった欲求です。三つ目は「力の欲求」で、認められたいとか、達成したいとか、人の役に立ちたいといった欲求です。四つ目は「自由の欲求」で、自分の感情のままにものごとを選びたいとか、誰にも束縛されずに自由でありたいといった欲求です。そして五つ目は「楽しみの欲求」で、楽しいことや好きなことをしたいとか、好奇心を存分に満たしたいといった欲求です。

これらも参考にしながら、自分の中の欲求を探ってみてください。

そして、自分の欲求がいくつか見つかった場合は、その中からまず、特に重要性の高い欲求を選びます。「その欲求を満たすことで、どのくらい心が満たされそうか」「どのくらい生きるエネルギーが湧いてきそうか」といった基準で選んでみてください。

重要性の高い欲求を選んだら、社会のルールに反しない健全な形でその欲求を満たせるよう、いろいろと工夫をしてみるのです。

自分で自分の心を満たすということは、自分が自分の親になって、自分のケアをしていくということでもあります。

特に、子どものころに親との関係で十分に心が満たされなかった人は、これから自分が自分の親になって、自分の心を満たすようにしていけば、それが自らの再養育（育て直し）にもなり、心理的自立につながります。

もちろん、すべての欲求を満たすことは難しいでしょう。満たそうとしても満たせない欲求もあると思います。ですが、それもまたいいのです。欲求を満たそうとして満たせなかった場合は、「思いどおりにならないことへの耐性」が育まれ、これもまた心理的自立を促します。

欲求を満たすべく行動して欲求が満たされると、心に「安心感」と「余裕」が生まれるし、逆に、欲求を満たそうとして満たされないときは、「思いどおりにならないことへの耐性」が育まれるので、いずれにせよ心の自立度は高まるのです。

また、自分の欲求を大切にできるようになるほど、私たちは他者の欲求をも大切にできるようになります。他の人が欲求を満たそうとして行動するのを、心から応援できるようにもなるのです。

ですから遠慮せずに、自らの欲求を満たすべく、主体的・能動的に行動を起こしてみてください。

第五章　人生を最高の物語にする

エンディングを意識することで今が輝く

この章では、読者のあなたが人生の確かな指針を見出し、本来の力を発揮して生きるための智恵を紹介したいと思います。また、第一章から第四章まで、四つの側面から、「自分づくり（自我の確立）」をするための生き方についてお話ししましたが、この章で紹介するお話は、そのような生き方の支えになるものです。

では早速、最初の話から始めましょう。

精神科医で作家の加賀乙彦さんが、著書『科学と宗教と死』の中で、死刑にされることが決まって拘置所に入っている死刑囚と、終身刑によって一生を刑務所で過ごしている無期囚の二つのグループを比較調査した結果を発表しています。

前者は、死刑執行日がいつなのかはわからないが、とにかく死刑にされることが決まっている人たちです。後者は、死刑にされることはないが、刑務所に監禁され続けることが決まっている人たちです。

加賀さんによると、前者の死刑囚のほうは、活発で動きが多く、冗談を言ったり、歌ったり、笑ったり、泣きじゃくったりと、心の躍動感が大きい、という傾向があるそうです。

一方、後者の無期囚のほうは、従順で、腰が低く、一見愛想がよいのですが、イキイキした感じはなく、ぼんやりした鈍感な感じで、心の躍動感が小さい、という傾向があるそうです。

死刑囚に対する死刑の執行通告は、執行される当日の朝に、当人に知らされるそうですから、死刑囚は毎日、「明日、死ぬのかもしれない」と思って生きているわけです。

一方、無期囚のほうは、死刑にされる心配はなく、最初は変化のない退屈な毎日に苦痛を感じるそうです。しかし、やがてそれに慣れてしまいます。つまり感情を麻痺させ、感情の動きを小さくさせることで、退屈を退屈だと思わなくなるのです。

加賀さんは、同書の中で次のように述べています。

「私たちはいずれ誰もが死ぬ。確実に死を宣告されています。それは今日かもしれない、明日かもしれない。そういう意味では死刑確定者と同じです。（中略）けれども、そのことを死刑囚ほど常にはっきりとせっぱつまって感じている人はあまり多くないでしょう。いつかは自分も死ぬ、けれどもまだそれは少し先のことだと感じている人が多いでしょう。そう考えれば人間は無期囚に似ているのかもしれません」

また加賀さんは、ある死刑囚の言葉も紹介しています。

「死刑の執行が間近いと思うと、毎日毎日がとても貴重です。一日、一日と短い人生が過ぎていくのが、早すぎるように思えます。それにしても社会にいたとき、なぜもっと時間を大切にしなかったかと、くやまれてなりません」

「メメント・モリ」という言葉があります。これは「死を想え」という意味のラテン語ですが、私たちは、死を意識することによって、人生が有限であることの自覚を強め、本当に大切なことのために生き切ろうという覚悟を定めることができるのだと思います。

ところが現代の社会は死をタブー視する社会であり、死に触れることを日常から遠ざけようとする社会です。実際、私たちの多くは、死というものをほとんど意識することなく生活を送っています。二十歳になって成人した人の中にも、「人の臨終の瞬間に一度も立ち会ったことがない」という人が、かなりいるようです。

昔は、お年寄りや病人が亡くなるときは、家に集まった家族や親族と別れの言葉を交わし、皆に見守られながら息を引き取ることも多かったのです。

しかし今は、多くの人が病院でチューブにつながれ、計器に囲まれて、延命措置をとられたまま無言で亡くなります。臨終の瞬間も、家族や親族が見ているのは、亡くなる本人ではなく、心電図だったりします。

私たちは死というものをリアルに意識する機会を失っているのかもしれません。あらためて死を意識し、人生が有限であることを自覚する必要があるようです。

吉田松陰が「人生草露のごとし。辛艱《しんかん》なんぞおそるるに足らん」という言葉を遺しています。「人生は草露のように、たちまち消えていくもの。困難なことを怖れている時間はない」という意味です。また、デール・カーネギーも「小事《しょうじ》にこだわるには、人生はあまりにも短い」と言っています。

そして、マハトマ・ガンジーの名言に「明日死ぬと思って生きなさい。永遠に生きると思って学びなさい」というものがあります。

人生はエンドレスではないのです。そして私たちは、自分の人生がいつ終わるのかを知らないのです。

人生を終えるときに、「私は私の人生を生きた。一番大切なことを一番大切にできた」と思えるような、そんな悔いのない人生を今から生きたいものですね。

人が真価を発揮できるとき

ヴィクトール・E・フランクルが著書『夜と霧』の中で、ナチスの強制収容所に入れられた体験を語っています。

フランクルによると、収容所の過酷な環境の中では、多くの囚人が節操を失って堕落していきましたが、ほんのひとにぎりであるにせよ、人間としての尊厳を守り、内面的に深まっていった人たちもいました。同じ状況の中で、内面的に未熟な段階に退行していった人と、逆に成熟していった人に分かれたのです。

この収容所生活を振り返って、フランクルは次のように述べています。

「強制収容所ではたいていの人が、今に見ていろ、わたしの真価を発揮できるときがくる、と信じていた。けれども現実には、人間の真価は収容所生活でこそ発揮されたのだ」
多くの囚人は、「この収容所から解放されたら自分の真価を発揮できる」と信じていたのですが、実際には、収容所の中でこそ人間の真価が問われたのです。内面的に堕落するのか、それとも深まるのか、その答えは収容所の中で出たのです。

私たちは、「この状況さえ打開できれば自分の本領を発揮できるのに」とか、「チャンスにさえめぐり会えば、自分の持ち味を発揮できるのに」などと考えてしまいがちです。

しかし、私たちの真価や本領や持ち味というのは、常に今この瞬間に問われているのであり、そして、今この場で発揮できるのです。

「獄にあっては、獄でできることをする。獄を出ては、出てできることをする」という言葉を残した吉田松陰も、まさに自分の置かれた場所で真価を発揮した人でした。

獄舎に幽閉されたときの松陰は、大量の読書に励むとともに、囚人たちに呼びかけて勉強会を催しました。そして、その経験を土台にして、獄を出てからは松下村塾という私塾を開き、明治維新の原動力になる人材を育てたのです。

どんな状況に置かれていても、その状況の中でベストを尽くせば、そこに楽しみや喜びが見出され、さらに私たちの潜在的な力も引き出されて、人生は開けてきます。松陰の生涯は、そのことを雄弁に物語っています。

また、禅語の「日々是好日《にちにちこれこうにち》」という言葉も、同様のことを教えてくれます。この言葉は、「毎日が好い日ばかりでけっこうなことだ」という意味ではありません。日々を生きる覚悟を述べている言葉なのです。

晴れの日は晴れを喜び、雨の日は雨を楽しみ、風の日は風を味わう。自分の置かれた状況を受け入れ、その中で目の前の一事に心を集中し、今この瞬間を精一杯楽しんで生きる。このような生き方によって、日々がすべて、かけがえのない好い日になるということなのです。

しかし実際のところ、「これをやってみたところで、結果が出なかったらどうしよう」と、未来の結果に心を奪われてしまいがちな人が、特に大人には多いと思います。そしてそのため、今というプロセスを心から楽しむことがなかなかできないのです。

このことを考えるうえで、ミヒャエル・エンデの小説『モモ』を要約して少し取り上げてみたいと思います。

この小説の中に、自らを「時間貯蓄銀行の外交員」と称する「灰色の男たち」が登場します。彼らは、「ムダなことに時間を浪費するべきではない。時間は最低限必要なことにのみ使い、できるかぎり倹約すべきだ。そして、倹約した時間を時間貯蓄銀行に預ければ、利子がどんどん増えていく。これこそ賢い生き方だ。

人生で大事なことは成功すること、ひとかどのものになることだ。ほかの人より成功し金持ちになった人間には、そのほかのもの――友情だの、愛だの、名誉だの、そんなものは何もかもひとりでに集まってくる」と、人々をそそのかして回ります。

そして、この灰色の男たちにそそのかされた人たちは、お金にならないことや、結果につながらないことには時間を使わなくなり、異常なまでに効率を追求するようになって、いつもイライラするようになってしまいます。目の前のことを楽しめなくなってしまうのです。

もちろん効率がよいのはけっこうなことですし、仕事などにおいては、結果を出すことも重要なことですが、効率や結果ばかりを追求するあまり、今この瞬間を楽しむことができなくなってしまうと、人生が味気ないものになってしまいますね。

ここで、『現代日本女性詩人85』の中から、高田敏子さんの詩を紹介します。

「海」

少年が沖にむかって呼んだ
「おーい」
まわりの子どもたちも
つぎつぎに呼んだ
「おーい」「おーい」
そして
おとなも「おーい」と呼んだ
子どもたちは　それだけで

とてもたのしそうだった
けれど　おとなは
いつまでもじっと待っていた
海が
何かをこたえてくれるかのように

子どもは純粋に、今やっていることそのものを楽しみ、大人はやっていることの見返りや結果を求めてしまうのですね。

小説『モモ』の中でも、灰色の男たちは、子どもたちを直接操ることができませんでした。そこで灰色の男たちは大人のほうを操って、大人を通して子どもたちの時間を支配するようにしました。つまり、大人たちを駆り立てて、「将来の役に立つことに時間を使いなさい」と子どもたちに指図《さしず》するよう仕向け、子どもたちから「夢中になって楽しむ時間」をどんどん奪っていったのです。

今この瞬間を楽しむということは、誰もが子どものころは自然にやっていたことですよね。そのころの感覚を取り戻して、今この瞬間に流れている時間に意識を向け、今というプロセスを心から楽しみたいものですね。

そして、今というプロセスを楽しむことができるようになるほど、私たちは、置かれた状況の中で精一杯生きることに喜びを見出せるようになるのです。今この場において真価を発揮できるようになるのです。

わからないことの豊かさ

孔子は、弟子の季路から、死についてたずねられたとき、「私は未《いま》だ、生きるということもわからないのに、どうして死というものがわかろうか」と答えています。孔子は、生や死というものの深遠さに対して白旗を揚げ、謙虚に「わからない」と答えているのです。

この孔子の言葉から、わからないことの豊かさや奥深さを感じます。わからないということは、未知なるものを未知なるものとして認めているということであり、さまざまな可能性を残しているということだと思うのです。

また、人とのコミュニケーションにおいても、「わからないこと」や「わかり合えないこと」を受け入れる姿勢が必要だと思います。

平田オリザさんが、著書『わかりあえないことから』の中で、次のように述べています。

「日本のコミュニケーション教育は、あるいは従来の国語教育でも、多くの場合、それは『わかりあう』ことに重点が置かれてきたように思う。私は、その点に強い疑問を持っている。わかりあえないところから出発するコミュニケーションというものを考えてみたい。そして、そのわかりあえない中で、少しでも共有できる部分を見つけたときの喜びについても語ってみたい」

心からわかり合えることを前提とするコミュニケーションには無理がある、と平田さんは述べているのです。まったく同感です。

人と人とは完全にはわかり合えない。このことを覚悟するからこそ、相手とのコミュニケーションが思いどおりにいかなくても、すぐにさじを投げることなく、少しでも共有できる部分を探そうとして、建設的な対話の姿勢を維持できるのです。また、わかり合えないという前提でコミュニケーションをすることで、相手のことをわかったつもりになってしまうのを避けることもできます。

とかく私たちは、人の話を聞きながら、自分がすでに持っている知識や考え方に当てはめて解釈し、わかったつもりになってしまいがちです。

たとえば、相手の話を聞いて、「この人は被害者意識になっているだけだな」とか、「この人の悩みって、よくある悩みだよな」とか、「またこの話か。この話なら以前にも聞いた話じゃないか」などと思ったりします。

このように、相手の話を、自分の頭の中にある知識に当てはめて解釈し、わかったつもりになってしまうことを、『U理論』の著者オットー・シャーマーは、「ダウンローディング」と呼んでいます。

相手の話を聞いているつもりになっていても、実は、自分の頭の中にある知識をダウンロードしているだけなのです。

私の例でお話しすると、私は、二十代の後半から三十代前半にかけての時期に、学んだばかりの心理学の理論をよく友人たちに当てはめて、彼らのことをわかったつもりになっていました。これは典型的なダウンローディングですね。

しかし実際は、心理学の理論というフィルターを通してしか友人たちを見ていなかったので、私には彼らの本当の気持ちが見えなくなっていたのです。結果的に私は、何人かの友人を傷つけてしまい、関係も悪化してしまって、ようやく自分の姿勢の傲慢さに気づいたのです。

相手の気持ちを少しでも理解しようと思ったら、相手の話を自分の既存の知識で解釈するのをやめ、わかったつもりになるのをやめ、相手に対して評価や価値判断を下すのもやめて、「相手のことは、相手にしかわからない。自分ができるのは、少しでもそれを理解しようとすることだ」という謙虚な姿勢で、頭を白紙状態にして聞くことです。

相手のことをわかろうとしながらも、わかったつもりにならないことが大切なのです。「相手のことを理解したい」という思いで聞くのですが、どれだけ聞いても、「相手のことを完全に理解できた」などと思わないことです。

これは、相手のことを「計り知れない存在」として認め、相手という人間の奥深さに畏敬の念を持つということです。

実際、一人の人間の心の中の世界を、他者が完全に理解するなんてことは、できるはずがありません。人間の心は、そんなに浅いものではないのです。

河合隼雄さんも、著書『こころの処方箋』の中で、「人の心などわかるはずがない（中略）、一般の人は人の心がすぐわかると思っておられるが、人の心がいかにわからないかということを、確信をもって知っているところが、専門家の特徴である」と述べています。

さらに河合さんは、次のように述べています。

「男女は協力し合えても、理解し合うことは難しい。（中略）われわれは男女が互いに他を理解するということは、ほとんど不可能に近く、また、時にそれは命がけの仕事と言っていいほどのことであることを、よくよく自覚する必要がある。（中略）男女が理解し合うことは実に大変なことであり、それは一般的に言って、中年になってからはじまる」

「うっかり他人のことを真に理解しようとし出すと、自分の人生観が根っこのあたりでぐらついてくる。これはやはり『命がけ』と表現していいことではなかろうか。実際に、自分の根っこをぐらつかせずに、他人を理解しようとするのなど、甘すぎるのである」

人間というのは、奥の深い、計り知れない、未知なる存在なのだと思います。

だからこそ、人のことを少しでも理解しようと思うなら、自分の信じる正しさを手放し、自分が拠って立つパラダイムを手放すくらいの覚悟が必要なのです。

そして、これはたしかに、「命がけ」といっていいくらいの勇気を要することだと思います。

ものごとの両面性に気づく

日本の昔話の一つに「飯《めし》食わぬ女房」という話があります。以下、ダイジェストで紹介します。

一人の男がある日、「働き者で飯を食わない女房がほしいなあ」とつぶやいたら、その日の夜に一人の女が訪ねてきて、「私は飯を食わぬ女で、よく働きます。妻にしてください」と言いました。そこで男はその女を女房にしました。

たしかにその女房は、よく働き、食事はまったくしませんでした。ですが、なぜだか、知らぬ間に米がぐんぐん減っていくのでした。不審に思った男は、ある日、出かけるふりをして天井裏に隠れ、様子をうかがいました。すると女房は、大量にご飯を炊き、大鍋一杯の味噌汁を作りました。そして、女房が髪をばらばらにほどくと、頭の真中に別に大きな口があり、その口でご飯と味噌汁を残らず食べました。女房は山姥《やまんば》だったのです。

その後、山姥は男を捕らえて、山に連れて帰ろうとするのですが、途中のストーリーを省略して結末だけお伝えすると、最終的に男は山姥から逃れることができます。


この話の中で私が取り上げたいのは、男の、あまりにも一面的な願望です。「働き者で飯を食わない女房がほしい」なんて、ずいぶん一面的で、都合がよすぎて、非現実的ですよね。働き者であれば、ご飯もしっかり食べるのがふつうです。

しかし、この男に限らず、私たちも「ものごとには両面がある」ということを忘れてしまって、一面的な願望を持つことがあるのではないでしょうか。

たとえば、「失敗を経験せずに、成功したい」とか、「不安を味わわずに、達成感を得たい」とか、「悲しみのない、幸福感ばかり感じる人生を実現したい」とか、このようなことを望むとしたら、これらの願望は「働き者で飯食わぬ女房がほしい」という願いと同じくらい一面的だと思うのです。

「成功という文字を顕微鏡で見ると、失敗という小さな文字が集まってできていた」という言葉があるように、失敗と成功はセットです。たくさん失敗した人が成功にたどり着けるわけです。

達成感の大きさは、その過程で味わった不安や苦悩の大きさに比例します。不安や苦悩をまったく感じないことに取り組んでも、達成感は得られません。

また、人生で幸福感を存分に味わいたかったら、私たちは感情のセンサーの感度を高めて、感受性を豊かにする必要があります。そしてそのことは、幸福感だけでなく、悲しみなど他のさまざまな感情をも豊かに感じることができるようになるということです。

幸せと悲しみの関係については、マーク・ネポも、著書『「自分を変える」心の磨き方』の中で次のように述べています。
「のどが渇いて、川の水（筆者注：水は水素と酸素の化合物）に顔をつけ『私は水素だけを飲んで、酸素は飲まないことにしよう』と言ったらどうでしょう。水素と酸素を分けたら、それはもはや水ではありません。感じるということも同じなのです。幸せか悲しみかどちらかだけを飲もうとしたら、それはもはや人生でなくなるのです」

また、人間そのものも両面的な存在です。世の中には、パーフェクトな善人もいなければ、一〇〇パーセントの悪人もいません。一人の人間の中に善悪の要素があるのです。

大切なのは自分の中の両面性を自覚することです。逆に、「自分こそが完全な善である」「自分の考えこそが一〇〇パーセント正しい」と思い込むようになると、自分の考えに反するものがすべて「完全な悪」に見えてきて、それらと闘う人生になってしまいます。

また私たちは、人間関係を築いていくとき、相手が両面性を持った存在であることを了解したうえで、うまくつきあっていく必要があります。

人とつきあっていると、相手のよいところと悪いところが見えてきますね。正確にいうと、こちらから見てよいと思えるところと悪いと思えるところが見えてきます。そして、その相手との人間関係を続けていきたい場合は、相手のそんな両面性とうまくつきあっていく必要があるのです。

ここでもう一つ紹介したいのが、荘子のいう「両行《りょうこう》」という概念です。両行というのは、矛盾する両者をそのまま包み込み、ともに大切にしていく生き方です。矛盾する要素をそれぞれ尊重し、両者を自分の中でじっくりあたため、融合し、熟成させていく生き方です。

私たちの中にも、矛盾する要素はいくつもありますね。たとえば、「世の中に貢献したいけど、自分の時間も大切にしたい」とか、「楽天的に生きたいけど、リスクマネジメントもやりたい」とか、「計画を立てて戦略を練りたいけど、自然の流れにまかせる気持ちも持ちたい」とか、「謙虚でありたいけど、自分の持ち味はアピールしたい」とか……。

割り切って片方だけをよしとし、他方は切り捨てる、というのではなく、両方の要素をともに大切にし、あたためていく。そのような生き方の中で、矛盾する要素は統合され、自分だけの生き方が見つかるのです。

そして、このようなプロセスを経て、私たちは成熟し、厚みや深みのある人間になっていくのだと思います。

八方ふさがりになったときは

アインシュタイン博士が、「その問題をつくったときと同じ思考レベルのままでは、その問題を解決できない」という言葉を残しています。問題を解決できなくて行き詰まっているならば、思考レベルをより高い次元にシフトして、その次元から考える必要がある、と博士は言っているのです。

つまり、パラダイム（ものの見方や考え方の前提となっている枠組みや価値観）そのものを転換して、まったく新しいパラダイムでその問題を見つめる必要があるということですね。

私たちは、困難な問題に直面して身動きが取れなくなったとき、「八方ふさがりになった」などと言ったりします。前進しても後退しても左右に軌道修正してもまったく解決しそうにないときは、たしかに八方がふさがったような感覚になります。しかし、こんな言葉もあります。「八方がふさがっても、上が空《あ》いている」

つまり、平面的には八方がふさがっているようでも、上空が空いているのです。次元を変えて、より高い視点から見るならば、まったく違う見方ができうるのです。アインシュタイン博士が言っているのも、まさにこのことだと思います。

たとえば、何かの問題を抱えている人が、それを解決しようとして、いろいろな対処法を実行してみたとします。しかし、まったく解決の糸口が見えないとしたら、これはもう、その問題に対する見方そのものを、より高い次元の見方に変えてみるしかありません。

「この問題さえ解決すれば」と早急な解決に囚われる考え方から、「今この問題が起きているのには深い意味がある」とか、「どんな問題も自分の学びと成長のためにやってくる」という考え方に変えてみることもできます。

このように見方を変えてみると、腹が据わって、その問題に臨む態度が変わったり、あるいは、それまでとはまったく違う発想で考えることができたりすることもあります。

「この出来事から最高の未来が開けていく。このことが起きたのは、最高の未来を創るうえでベストなプロセスである」という見方もありますね。このような見方で見るならば、人生に起きることは、すべてベストな出来事だということになります。

このような見方を伝える寓話に、アシュタバクラの話があります。数年前に、ソリューションフォーカスの日本の草分けである青木安輝さんからうかがった話なのですが、以下紹介します。

昔、インドにジャナカ王という王様がいました。そして、その家臣にアシュタバクラという者がおりました。

王様から「おまえはどう思う？」と聞かれると、アシュタバクラはいつも、「起こることは、すべて最高のことでございます」と答えました。

王様は、そんなアシュタバクラをとても信頼し、いつも側《そば》においていたのですが、そのことに嫉妬した他の家臣たちが、アシュタバクラに罠をしかけました。

ある日、王様が手に怪我をしました。家臣たちはアシュタバクラのところに行き、「王様が怪我をされたことをどう思う？」と聞きました。アシュタバクラはいつものように答えました。「起こることは、すべて最高です」

家臣たちは、このことを王様に告げ口しました。「王様、アシュタバクラは、王様の怪我のことも最高だと言っております」それを聞いて怒った王様は、アシュタバクラを牢屋に入れました。

その日は狩りの日でした。王様は他の家臣を連れて狩りに出たのですが、王様は一人で森の奥深くにまで入り、そこで人食い部族に捕まってしまいました。その部族は、儀式のときに人を生《い》け贄《にえ》としてささげ、火あぶりにするのです。

ところが彼らは、火あぶりの直前になって、王様が手に怪我をしていることに気づきました。傷ものは生け贄にできないので、彼らは王様を放免しました。

無事に帰って来ることができた王様は、すぐにアシュタバクラを牢屋から出して、あやまりました。

「おまえが言ったとおり、わしが手に怪我をしたのは、最高のできごとであった。しかし、そんな大事なことを教えてくれたおまえを、わしは牢屋に入れてしまった。そのことを悔やんでいる。どうすれば、この過ちをつぐなえるだろうか」

アシュタバクラは言いました。

「王様、私はいつも、起こることはすべて最高だと申し上げているではありませんか。もしも、私を牢屋に入れてくださらなかったら、私はいつも狩りでは王様の側から離れないので、いっしょに捕まっていたことでしょう。そして、怪我をしていない私は、生け贄になっていたことでしょう。だから、牢屋に入れていただいて、最高だったのです」

これを聞いて王様は悟りました。「起こることは、本当にすべて最高なのだ」

私たち人間の頭脳では計り知れないことではありますが、私たちの人生に起きる出来事は、すべて最高の出来事なのかもしれません。

そう考えると、今は辛いと感じることに対しても、何年か後に「あのことがあったからこそ、今の自分がある。あの出来事はまさに最高の出来事であった」と思える日がくることを想像できますね。

そして、あなたが今この本を読んでいるということも、まさしく最善のタイミングで起きた最高の出来事なのかもしれませんよ。

起きたことの深い意味は後で見えてくる

一見まったく関係ないと思われる別々の出来事をつなげてみると、そこに大きな意味が見えてくることがあります。これをユングは「コンステレーション（布置）」と呼びました。

コンステレーションとは、元々は「星座」の意味です。広い宇宙に別々に存在しているいくつかの星が、地球からはそれらが白鳥の形やみずがめの形に見えます。これが星座ですね。

北斗七星の七つの星にしても、地球からの距離でいうと、それぞれまったく別々のところにあるのですが、地球から見れば、あたかも柄杓《ひしゃく》の形をして平面上に並んでいるように見えます。

私たちの人生に起きる出来事も、一つひとつはそれぞれ別々に起きたことでも、後でつなげてみたときに、何らかの意味が見えてくることがあるのです。

アップルコンピュータの共同設立者の一人スティーブ・ジョブズが、スタンフォード大学の卒業式に招かれたときに、スピーチの中で「点と点がつながる」という話をしています。要約して紹介しましょう。

かつてジョブズは、大学に入学したものの、そこに価値を見出すことができず、半年で退学しました。しかし、退学後もしばらく大学に居残り、友人の家を寝泊まりして生活しながら、興味を感じるカリグラフィー（文字を美しく見せる手法）の授業に出て、書体デザインの作り方を学んだのです。

当時の彼は、面白いという理由で授業に出ていただけで、それが将来の役に立つとは夢にも思っていませんでした。

しかし、それから十年経って、彼がマッキントッシュ・コンピュータを設計するときに、その授業で得た知識が役に立ち、世界で初めて、美しい書体を持つコンピュータが誕生したのです。ジョブズは、次のように述べています。

「もしも私が大学を退学していなかったら、あのカリグラフィーの授業に寄り道することはなかったし、そうなると、今のパソコンには素晴らしい書体の機能はなかったかもしれない」

大学を退学し、興味本位で受けたカリグラフィーの授業で学んだことが、後にコンピュータを設計するときに、決定的な役割を果たしたのです。このことをジョブズは、「点と点がつながった」と言い、さらに次のように述べています。

「未来に先回りして点と点をつなげることはできない。君たちにできるのは、過去を振り返ってつなげることだけだ。だから、点と点がいつか何らかの形でつながるということを、信じなければならない」

私のケースもお話ししましょう。

「作文」「対人恐怖症」「コーチング」、あまり関係のなさそうなこの三つの言葉が、私の中でどのようにつながったかという話です。

私は子どものころ、学校の勉強が好きではなくて、授業中も他のことばかり考えているような子どもでした。体育だけが好きな科目だったのですが、机の上でやる科目はすべて嫌いだったのです。

ただ、机の上でやるものの中で、例外的に作文だけは好きでした。作文には正解がありませんから、自分の好きなように書けるわけです。教科書や参考書などを見る必要がなく、ひたすら自分の書きたいことを自分で探っていって、それを自由に文章にすればいいわけですね。

つまり作文というのは自分の内面との対話なのです。私は作文を通して自分の「内面を探究」するのが好きだったのだと思います。

その後、時は流れて、私は高校一年生のときに、対人恐怖症になりました。友だちと接するのにすごく緊張するようになり、毎日、学校に行くことに苦しさを覚えました。本当は友達と楽しくつきあいたいのですが、自意識過剰になってしまって緊張し、下校するころはいつも疲弊していました。

友達ともっと気楽に遊びたい、クラブ活動もしたい、できるなら彼女も欲しい、そんな願いをすべてあきらめて、私は「どうすれば自分の対人緊張が和らぐのか」という悩みと日々格闘しました。

わらにもすがるような気持ちで、呼吸法をやってみたり、瞑想をやってみたり、ヨガをやってみたり、自律訓練法をやってみたり、東洋思想をかじってみたり……と、いろいろやりました。そして、四年余り苦しんだ後、大学二年のときに、心理学や心理療法との出会いがあり、私はこの対人恐怖症を克服することができたのです。

あらためて、対人恐怖症で苦しんだ四年間の意味を考えてみると、それはまさに自分の「内面を探究」した期間だったと思います。友達と気楽につきあえない、クラブ活動もできない、彼女もつくれない。そんな孤独の中で、私は、自分の内面と向き合うしかなかったのですね。

そしてその後、さらに時は流れて、四十歳になったときに私はコーチングの仕事を始めました。

このコーチングの仕事は、私にとって心からやりがいを感じる仕事であり、今もメインの仕事の一つとしてやっているのですが、あらためて考えてみると、このコーチングというのは、クライアントさんが「内面を探究」するのをサポートする仕事でもあります。

「作文が好きだった」「対人恐怖症で苦しんだ」「コーチングの仕事をしている」、この三つのことは、まったく無関係に見えますが、これらに共通して、「内面を探究する」というキーワードが浮かび上がってきます。私の人生には「内面を探究する」ということがコンステレート（布置）されていたのです。

そして、これら三つのことが今、見事につながり合って相乗効果を発揮しています。

私は、対人恐怖症で苦しんだおかげで、多感な時期に徹底的に内面を探究できました。そして、これらの経験がコーチングの仕事に生きています。クライアントさんが内面を探究するのをサポートするとき、私自身が内面を探究してきた経験がとても役に立っているのです。

また、対人恐怖症のおかげで出会った心理学や心理療法を、私はその後もずっと学び続けており、これが今、コーチングの仕事にとても役立っています。心理学の手法をコーチングに取り入れることによって、クライアントさんの内面の探究を、より深くサポートすることができているのです。

さらに、クライアントさんのサポートを通して学んだことや気づいたことを、私は今、フェイスブックの記事にしたり、本に書いたりしているわけですが、作文が好きだったことが、ここで生きているのです。

作文が好きだったこと、対人恐怖症だったこと、コーチングの仕事を選んだこと、それらは深くつながり合って、現在の私を創っています。

そして今、読者であるあなたがご自分の内面を探究されるのに役立つことを願って、私はこの本を書いているわけです。

以上、私の人生の中で、私自身が感じ取ったコンステレーションの一つを紹介しました。

私の場合、小学校時代に作文しか好きになれなかったことも、高校時代に対人恐怖症になったことも、その意味が見えてきたのは、四十代の半ばになってからでした。ですので、コンステレーションがすぐに見えてこないからといって、焦る必要はありません。

今起きている出来事の意味は、何年も、あるいは何十年も後になって、他の出来事とつなげてみたときに、初めてその意味が見えてくるのです。

「悪い結果」という思い込み

私たちの判断は相対的なものです。たとえば私は、身長二メートルの人を見ると「大きいなあ」と思いますが、ゾウから見れば、身長二メートルの人は決して大きくないですよね。では、ゾウは大きいのかというとそうではなく、シロナガスクジラから見れば、「ゾウって小さいなあ」ということになるわけです。

このように私たちが下す判断というのは、相対的なものでしかありません。私たちは、「大きい・小さい」の他、「よい・悪い」「正しい・間違っている」「優れている・劣っている」「好ましい・好ましくない」「幸・不幸」などさまざまな判断を下し、そして「自分の判断は正しい」と思っていることが多いのですが、まったく違う視点から見直せば、その判断の正しさは、もろくも崩れてしまうことになります。

『荘子』の斉物論篇の中に、次のようなことが書いてあります。

すべての物は、「これ」とも呼べるし「あれ」とも呼べる。自分に近い方を「これ」と呼び、自分から遠い方を「あれ」と呼んで、差別しているにすぎない。つまり、「これ」と「あれ」とは相対的なものである。

あらゆる価値判断もそうである。生と死、可と不可、是と非の対立も、すべて相対的なものでしかない。それを差別して、片方だけをよしとするのは、人間の偏見的分別にすぎない。対立する両方を含んだ世界こそ、あるがままの世界であり、存在の本当の姿である。

だからこそ聖人は、差別という人為を超えて、矛盾を包み込んだままの万物を観るのである。

このような聖人は、相対的な「是と非」を超えて、「真の是」によってものごとを受け入れる。「真の是」とは、ものごとを是と非に分けた場合の是ではなく、是と非など一切の対立と矛盾をそのまま包み込んで、それをそのまま受け入れる「絶対の是」である。

私たちが、「よくない」とか「好ましくない」と判断してしまうようなことを、聖人（真の智恵を体得した人）は、そのまま「これでいい」と受け入れます。これは相対的な判断を超えた見方によるものです。

私たちは、何ごとも自分のモノサシで測って判断をしてしまいがちですが、すべてを「これでいい」と受け入れるためには、自分のモノサシを手放す必要があるのです。

さらに、『荘子』の斉物論篇には、有名な朝三暮四の話も出てきます。

ある朝、猿回しの親方が猿どもに木の実を分配しようとして、「朝に三つ、夕方に四つ、分け与えるぞ」と言うと、猿どもは怒った。そこで、「ならば、朝に四つ、夕方に三つにしよう」と言うと、猿どもは大喜びした。

実質的には何も変わらないのに、このように喜怒の感情が起こるのは、目先の利害にくらまされて、どちらが是かにこだわるからだ。だから聖人は、是非の価値判断を手放して、天鈞《てんきん》（天あるいは宇宙の視点から、矛盾を含んだままますべてを認める境地）に安住するのである。

これは、猿の話というより、私たち人間の話ですね。

私たちは、猿と比べるなら、かなり先のことまで考えて判断することができます。だから、「朝に三つ」と言われて腹を立てた猿のことを、「目先しか見ていないな」などとバカにしますが、しかし、より大きな視点から俯瞰するならば、私たち人間も目先しか見ていないと思うのです。

たとえば人は、目標を達成できなかったとき、勝手にそれを「悪いことだ」と判断したりします。これは、目先だけを見て、「目標を達成するのが『いい結果』であり、達成しないのは『悪い結果』である」と判断しているのです。

私は高校時代、「対人緊張で苦しむ自分は不幸だ」と思っていましたが、今にしてみれば、対人恐怖症になったおかげで心理学に興味を持つようになり、それらを学んだことが今の大好きな仕事につながり、おかげでワクワクする人生を送ることができているので、「対人恐怖症になってよかった」と心から思います。

ということは、当時の私の「自分は不幸だ」という判断は間違っていたわけです。

しかし人は、自分のモノサシでものごとを判断してしまいがちです。

たとえば、ある男性が彼女にプロポーズをするとき、「プロポーズを受け入れてもらうのが『いい結果』であり、断られるのは『悪い結果』である」と考えるでしょうし、また受験生は、「志望校に合格するのが『いい結果』であり、落ちるのは『悪い結果』である」という考えを持って試験に臨むでしょう。

果たしてこの判断基準は、正しいものなのでしょうか。

もちろん、私たちは、目標の達成を目指してベストを尽くせばいいのです。プロポーズをする男性は、プロポーズを受け入れてもらうべく、心からの誠意を込めてプロポーズをすればいいでしょうし、受験生は、合格を目指して、一所懸命に勉強したらいいでしょう。

しかし、その結果を完全にコントロールすることは不可能です。望む結果を手に入れられないことだってあります。

もしも目標を達成できなかったとしても、それを「悪い結果」だと決めつけるのは、極めて近視眼的な判断です。

十年とか二十年というスパンで考えると、目の前の目標を達成できなかったことが、いいことなのか悪いことなのか、これはもう判断することができませんね。いや、どんな出来事からも学び成長していく心構えがあるならば、すべて「これでいい」といえます。十年後や二十年後に、「あの出来事があってよかった」と言えるような、そんな生き方をしていけばいいのですから。

さらに、十年とか二十年というモノサシすらも手放して、荘子の言うように宇宙の視点で見るならば、「悪い結果」など存在せず、すべてはそのままで「これでいい」のです。

新約聖書の中にも次のようなエピソードが紹介されています。

ある日、イエスは弟子たちと歩いていて、生まれつきの盲人を見ました。弟子たちが「この人が生まれつき盲目なのは、誰が罪を犯したためですか？　この人ですか、それともその両親ですか？」と尋ねると、イエスはこう答えました。「どちらでもありません。神の御業《みわざ》がこの人に現れるためです」

弟子たちは、盲人を見て「彼は不幸だ」と判断し、その「悪い結果」を生じさせた「悪い原因」は何だろうかと考えたのですが、イエスは、そのような判断を超えて、「この人が盲目であるのは、そのことを通して神の力を体現し、最高の人生を生きるためだ」と答えているのです。

人知を超えた宇宙の視点で見るならば、起きていることはすべて、パーフェクトに「これでいい」のです。

不完全でいい、未熟でいい、愚かでいい

人は、自分を超えるものの存在を意識し、その「大いなるもの」に畏敬の念を持つとき、自分の限界を自覚し、謙虚に生きることができます。

また、自分を超えるものを意識することによって、自分の力だけですべてをコントロールしようという気負いから解放され、「ベストを尽くしたら、結果はおまかせ」という平安な心境に近づけるのです。

大自然、宇宙、天、神仏、道《タオ》……など、自分を超えるものをどのようなものとして意識するかは人それぞれですね。

あなたは、どのようなものとして意識していますか？

分子生物学者の村上和雄さんによると、私たち人間の遺伝子の中には、三十二億もの化学文字で、体の設計図が精緻《せいち》に書かれています。これは千文字×千ページの百科事典で、三千二百冊分に当たります。

では、これだけの膨大な情報量を含む精密な設計図を、誰が書いたのでしょうか。生命のもとになる素材は自然界にたくさん存在しますが、しかし材料がいくらあっても自然に生命ができるとは考えられません。村上さんは、「もし、そんなことができるのなら、車の部品を一式揃えておけば、自然に自動車が組み立てられることになる。そんなことは起きるはずがありません。ここはどうしても、人間を超えた何か大きな存在を意識せざるをえなくなってきます」と著書『生命の暗号』の中で述べ、その人間を超えた存在のことを「サムシング・グレート（偉大なる何者か）」と呼んでいます。

また、村上さんは同書の中で次のように述べています。

「人間は自然に挑戦するとか、自然を征服するとか、いろいろと勇ましいことをいっているけれど、大自然の不思議な力で生かされているという側面も忘れてはいけないのではないか」

「先に一本のトマトの苗が一万個以上の実をつけたハイポニカ農法のことをお話ししました。（中略）ここで一つ疑問が出てくるのは、自然に育っているトマトには、なぜそのようなことが起きないかということです。これを私は『つつしみ』の問題であると思うのです。（中略）自然のトマトが一万個も実をつけないのは、つける理由がなかった、あるいはつけてはいけない理由があったからと考えられます。バイオ技術は計り知れない可能性をはらんでいますが、これを使いこなすうえでは、人間のつつしみの心が大切だと思います。（中略）人間は知らず知らずのうちに傲慢になります。本当のつつしみはサムシング・グレートの存在とそのはたらきを知ることによって生まれると思っています」

人類は、「知性と科学の力によって、自然を人間の都合のいいようにコントロールできる」という万能幻想を抱いて、今の文明を築いてきました。しかし、現代社会が抱える数々の深刻な問題を見つめてみると、私たち人間に欠けていたのは、人間を超えるものへの畏敬の念であり、それから生じる謙虚さやつつしみだと思います。

アインシュタイン博士が「宗教なき科学は欠陥である。科学なき宗教は盲目である」という言葉を残していますが、宗教という言葉を、「人間の力を超えた大いなる存在に対して畏敬の念を持つこと」という意味で解釈すると、それが欠落した科学は、たしかに大きな欠陥を抱えたものであるといえます。

畏敬の念から生じる謙虚さやつつしみのことを、「自らの愚かさの自覚」と表現することもできます。

私たちは誰でも、欲や執着にとらわれてしまうこともあれば、怒ったり恨んだりすることもあれば、他者を傷つけてしまうこともあります。人は皆、不完全で未熟な存在です。

そして、そのことを自覚するのが「自らの愚かさの自覚」であり、この自覚によって私たちは、「自分は万能である」という幻想や、「自分の判断こそが正しい」という思い込みを手放すことができ、謙虚になれるのです。

また、自分の愚かさを自覚し、それを受け入れることができればできるほど、他者の愚かさを批判する気持ちも薄れていき、私たちは、他者を不完全なままで受け入れることができるようになります。

ブッダの言葉に、「もしも愚者が自らの愚かさを自覚するなら、その者は賢者である。愚者でありながら、自らを賢者だと思う者こそ、愚者と呼ばれるべき者である」というものがあります。人は皆、愚かな存在であり、そのこと自体はそれでいいのですが、問題は、それを自覚しているかどうかなのです。

法然（浄土宗の宗祖）は、自らを「愚痴《ぐち》の法然坊」と呼びました。愚痴とは仏教の言葉で、「真理を知らず、ものごとを正しく判断できないこと」を意味します。つまり法然は、「私はものごとを正しく判断できるわけではありません」と、自分も一人の愚かな人間であることを表明したのです。

また、親鸞（浄土真宗の宗祖）は自らを「愚禿《ぐとく》」と呼び、良寛禅師（江戸時代の禅僧）は自らを「大愚《たいぐ》」と呼びました。彼らも愚かさを自覚することの大切さを知っていて、自分を呼ぶときに「愚」の文字を入れたのです。

法然や親鸞の場合は、人間を超えた大いなるものを「阿弥陀仏」と呼びました。そして彼らは、人間を愚かなままで救ってくれるのが阿弥陀仏である、と考えたのです。

人間は、どこまでも煩悩を手放すことができませんし、時に悪をおかすこともありますが、そんな愚かな人間にあたたかいまなざしを向け、そのままで救ってくれる存在を、法然や親鸞は阿弥陀仏と呼んだのです。

法然は享年八十歳で、親鸞は享年九十歳で亡くなるまで、精力的に布教活動をしました。二人とも、当時としては非常に長生きをして、しかも亡くなるまでアクティブに活動したわけですが、その行動の背景には、阿弥陀仏（大いなる存在）に全託する気持ちがありました。行動の結果がどうなろうとも、大いなる存在にすべてまかせるという覚悟があったため、心置きなく目の前の仕事に集中することができ、それぞれ大きな宗派を開くことできたのだと思います。

私は、それを大自然と呼んでも、あるいは宇宙とか、天とか、神とか、サムシング・グレートと呼んでもいいと思っているのですが、人間を超えた大いなる存在というのは、法然や親鸞が信じた阿弥陀仏のような存在だと思っています。

つまり私たちは、大いなる存在から、不完全なままで愛され、愚かなままで「それでいい」と受け入れられているのだと思います。

このような存在を意識することで、人生に起きる出来事を受け入れる力は高まっていきます。今やっていることが、どのような結果に至っても、「大いなるものに導かれて、その結果に至ったのだ」と信じることができるなら、私たちはその結果を受け入れることができるのです。

また、このように受け入れる経験をくり返すと、「悪い結果になったらどうしよう」という未来への不安を少しずつ手放せるようになり、同時に、今この瞬間にベストを尽くすことができるようになるのです。

ですが、すぐにそんな心境にはなれないのがふつうです。ましてや、法然や親鸞のように全託する心境には、なかなかなれませんね。

それでいいのです。大いなる存在は、そんな未熟な私たちを、そのまま「それでいい」と受け入れてくれているのです。

起きるべくして起きるシンクロニシティ

一致することが確率的には非常に低い二つ以上の出来事が、偶然とは思えないタイミングで一致することがあります。これをユングは「シンクロニシティ（共時性）」と呼びました。

シンクロニシティは、「意味のある偶然の一致」とも訳されますが、正確には、「偶然の一致のように見えるけれども、それが単なる偶然とは考えにくく、その一致に何らかの意味がありそうだと感じられるもの」のことです。

その例として、ユングのクライアントのケースを一つ紹介します。

ユングは、ある女性クライアントに対して、継続して心理療法を行っていたのですが、その女性は合理主義的な傾向が強すぎて、心をあまり開かず、治療に進展が見られませんでした。

ある日、彼女はユングに、「前の晩に印象的な夢を見た」という話をしました。誰かが夢の中で、彼女に黄金のスカラベ（エジプトにいるコガネムシの一種）を贈ってくれた、というのです。彼女がこの夢について語っているまさにその時、ユングの背後で窓にコツコツと何かが当たる音がしました。そして、ユングが窓を開けてみると、一匹のコガネムシが部屋に飛び込んできたのです。

ユングは捕まえて、それを彼女に渡しました。それは黄金色のコガネムシで、まさに彼女が夢で見た黄金のスカラベに近いものでした。

この出来事をきっかけにして、この女性はユングに心を開くようになり、その結果、治療が進展し始めました。彼女の変容のプロセスが動き始めたのです。

「コガネムシの夢について語っているときに、コガネムシが入ってきた」という出来事が、単なる偶然の出来事なのか、それとも何かの意味があって必然的に起きた出来事なのか、そのどちらも証明することはできません。

しかし、ユングから見れば、この出来事は結果的に、女性クライアントの人生において大きな意味を持ちました。この出来事をきっかけにして、彼女は心を開くようになり、変容していったのですから。

ちなみに、エジプト神話において、スカラベ（コガネムシ）は「変容」や「再生」を象徴するシンボルです。そして、ユングが後で振り返ってみたときに、コガネムシが、まさに彼女の変容と再生のきっかけになっていたのです。

このようなことを何度も経験するうちに、ユングは、「身のまわりに起きる出来事に、なんらかの目的をもった流れが存在する」「未来のあるべき方向のために、現在の出来事が起きるべくして起きている」と考えるようになり、さらにシンクロニシティという概念も生み出したのです。

では、シンクロニシティと思えるようなことが起きたとき、私たちはどのようなスタンスでそれと関わればいいのでしょうか。

まず、起きたシンクロニシティの意味を知ろうとして躍起になったところで、多くの場合、明確な意味は見えてこないと思います。なぜなら、起きたことの意味については、いろいろな解釈ができうるからです。

ですので、「このシンクロニシティにはどんな意味があるのだろう?」という問いを大切に持ちつつも、「いつか、その意味が見えてくるかもしれない」といった気楽なスタンスでいるのがいいと思います。

起きたシンクロニシティの意味を知ることが大切なのではなく、「きっと何かの意味がある」と考え、目指す方向に向かって前進していくことが大切なのです。

前述したユングの女性クライアントも、コガネムシにまつわる偶然の一致が、自らの変容と再生のきっかけにまでなったということには、最後まで気づかなかったかもしれません。あの出来事の意味は、ユングが後で振り返ったときに気づいたことであり、クライアント本人は意識していなかった可能性があるわけです。しかし、本人が意識していなくても、出来事の意味はちゃんと成就するのです。

続いて、ヴィクトール・E・フランクルの著書を題材にしながら、起きる出来事に対してどのような姿勢で向き合ったらいいかを考えてみたいと思います。

フランクルは、著書『宿命を超えて、自己を超えて』の中で、「喉の渇きは、水のようなものが存在するということを証明するもっとも確かな証拠だ」という言葉を紹介しています。

水というものがあらかじめ存在するのでなければ、私たちの喉が渇いて、私たちが水を求めるなどということは起きえない、というわけです。私たちは、存在しないものを欲するようにはできていないのです。

同じように考えるならば、私たち人間が、「私の人生の意味は何だろう?」「この苦悩にどんな意味があるのか?」「この出来事の意味は何なのだろうか?」と、自らの人生の意味や起きた出来事の意味を求めるのは、それらにあらかじめ意味があることの証拠であるといえます。私たちの人生に、そして起きる出来事の背後に意味が存在するからこそ、私たちはその意味を渇望するのです。

フランクルは、同書の中で、「もしも自然が、意味を求める心を人間の心の中に置いたのなら、自然は、意味をあらかじめ用意しておいたのにちがいない」というような意味のことも述べています。

しかし、私たちの人生に、そして起きる出来事に意味があるとしても、その意味が何なのかを明確に知ることは難しいことです。これは、先ほどのシンクロニシティの場合と同様です。

意味はわからなくてもいいのです。「私の人生には深遠な意味があるのだ」とか、「この出来事にも、きっと深い意味があるのだ」とか、「私のこの悩みにも、きっと大切な意味があるのだ」と信じて、これまでの人生のストーリーや、すでに起きた出来事を「これでいい」と受け入れ、今できることにベストを尽くすことが大切なのです。

コンステレーションの話のところで述べたように、後で出来事がつながって、何らかの意味が見えてくる場合もあります。しかしそれも、出来事の奥深い意味のごく一部を読み取っただけだと思うのです。私たち人間の頭で読み取れることは、出来事の本来の意味全体から見れば、ほんの一部分だと思います。

私たちの知らないところで、気づかないところで、人生に起きた数々の出来事はつながり合い、作用し合って、たくさんの大切な意味を成就しているのです。

もう一つフランクルの言葉を紹介します。フランクルは、著書『夜と霧』の中で、「生きる意味についての問いを一八〇度方向転換すること」を提唱しています。

私たちは、人生に向かって「この人生に何の意味があるのか？」と問うてしまいがちですが、フランクルによると、本当は人生のほうが私たちに問うてきているのです。そして、このことに気づくことが一八〇度の方向転換です。

「この状況の中で、どう行動するのか?」「どのような態度を取るのか?」という人生からの問いに対して、私たちは、自らの生き方を通して答えていく存在なのです。

私たちは、自分の人生という物語を創造していくことで、自分なりの答えを出しているのです。

もちろん、私たちが出す答えに正解・不正解はありません。どんな答えに対しても、人生はダメ出しをしません。

ですから、安心して、自分の物語を創っていってください。

あなたが創造する、あなたの人生の物語は、人類の歴史上、同じものがまったく存在しない、唯一の物語です。その物語を紡いでいくことが、あなたの人生の意味を証明することでもあるのです。

エピローグ　人生とは一度しか通らない道

デール・カーネギーが「人生とは一度しか通らない道である」という言葉を残しています。一度しか通らないということは、今見えている景色は、今しか見ることができないということですね。そんな一度きりの景色の一コマとして、あなたが本書を読んでくださったことに感謝します。

今後、あなたが人生という道を歩んでいかれるうえで、本書でお伝えしたことが何らかのお役に立つならば、著者としてこんなに嬉しいことはありません。

道についての名言の中では、ダンテの「汝は汝の道を行け。人には勝手に言わせておけ」という言葉も好きです。本書で、どんなときも自分が自分自身の味方になる生き方を紹介しました。この世界に、一人でも自分の味方がいて、しかも常に一緒にいてくれるとしたら、こんなに心強いことはありませんね。どんなときもあなたはあなたの味方になって、あなたの道を行ってください。

もう一つ、道に関する言葉として、フランク・シナトラの歌『マイ・ウェイ』の歌詞の中から、私の好きな言葉を紹介します。おたがい人生を終えるときには、深い満足感とともに、この言葉のような心境を味わいたいものです。

「I did it my way.（私は私の道を生きてきた）」

本書をきっかけにして、「これでいい」と心から思える幸せな人の輪が、この世界に広がっていくことを願っています。

なお本書では、なるべくたくさんの良書から引用することで、多くの素晴らしい本を紹介することを心がけました。引用文の中で、興味を引かれる内容のものがありましたら、出典元の本も読んでみられてはいかがでしょう。

これらの良書を通して価値ある智恵を与えてくださった著者の皆さんに、この場を借りて、お礼を申し上げます。

それから、心理臨床の豊富な実践経験から得られた知見を、いつも惜しみなく教えてくださる心理療法家の富士見ユキオさんと岸原千雅子さんに、心より感謝いたします。お二人からはたくさんのヒントをいただいております。

そして、本書の出版にあたっては、サンマーク出版編集部の鈴木七沖さんから多大なサポートをいただきました。鈴木さん、いつもありがとうございます。

最後に、私を育ててくれた両親と、いつも私を支えてくれている妻と二人の子どもたちに、感謝の気持ちを込めてこの本を捧げます。

二〇一三年九月

野口嘉則

本書で紹介した良書の一覧（紹介順）

『ユング心理学入門』河合隼雄著、岩波書店
『ユング思想の真髄』林道義著、朝日新聞社
『モラトリアム人間の時代』小此木啓吾著、中央公論新社
『そのままのあなたが素晴らしい』田中信生著、大和書房
『愛の論理』飯田史彦著、ＰＨＰ研究所
『愛しすぎる女たち』ロビン・ノーウッド著、中央公論新社
『人生の悲劇は「よい子」に始まる』加藤諦三著、ＰＨＰ研究所
『完全なる人間』アブラハム・Ｈ・マズロー著、誠信書房
『あたらしい自分を生きるために』森田汐生著、童話館出版
『7つの習慣』スティーブン・Ｒ・コヴィー著、キングベアー出版
『トランスパーソナルとは何か』吉福伸逸著、新泉社
『私の個人主義』夏目漱石著、講談社
『眼力』斎藤一人著、サンマーク出版
『大激震』堺屋太一著、実業之日本社
『「生きる力」の強い子を育てる』天外伺朗著、飛鳥新社
『大前家の子育て』大前研一著、ＰＨＰ研究所
『街場の教育論』内田樹著、ミシマ社
『日本人に謝りたい』モルデカイ・モーゼ著、日新報道
『ツァラトゥストラ』フリードリヒ・ニーチェ著、光文社
『自由からの逃走』エーリッヒ・フロム著、東京創元社
『孤独であるためのレッスン』諸富祥彦著、日本放送出版協会
『ひきこもれ』吉本隆明著、大和書房
『表札など』石垣りん著、思潮社

『病的に自分が好きな人』榎本博明著、幻冬舎
『エミール』ルソー著、岩波書店
『こころの処方箋』河合隼雄著、新潮社
『母性社会日本の病理』河合隼雄著、講談社
『心眼力』野口嘉則著、サンマーク出版
『僕は馬鹿になった。』ビートたけし著、祥伝社
『にんげんだもの』相田みつを著、文化出版局
『あなたも落語家になれる』立川談志著、三一書房
『鎮魂歌』茨木のり子著、童話屋
『鏡の法則』野口嘉則著、総合法令出版
『反省させると犯罪者になります』岡本茂樹著、新潮社
『対象喪失』小此木啓吾著、中央公論新社
『「甘え」と日本人』土居健郎&齋藤孝著、角川書店
『情緒的自立の社会学』畠中宗一著、世界思想社
『「甘え」の構造』土居健郎著、弘文堂
『科学と宗教と死』加賀乙彦著、集英社
『夜と霧』ヴィクトール・E・フランクル著、みすず書房
『モモ』ミヒャエル・エンデ著、岩波書店
『現代日本女性詩人85』高橋順子編著、新書館
『わかりあえないことから』平田オリザ著、講談社
『U理論』オットー・シャーマー著、英治出版
『「自分を変える」心の磨き方』マーク・ネポ著、三笠書房
『生命の暗号』村上和雄著、サンマーク出版
『宿命を超えて、自己を超えて』V・E・フランクル著、春秋社

野口嘉則（のぐち・よしのり）

「幸せ」と「人間学」の専門家、ベストセラー作家。

高校時代は対人恐怖症に悩むが、大学入学後、心理学や東洋哲学、人生の法則の研究と実践によって対人恐怖症を克服。リクルートへの入社を経て、メンタルマネジメントの講師として独立。その後、コーチングのプロとしての活動も始め、EQコーチングの第一人者となる。また2009年より、人間力を高めるためのeラーニング形式の私塾「人間学実践塾」を主宰する。

著書は、ミリオンセラーになった『鏡の法則』（総合法令出版）の他、『心眼力』『3つの真実（文庫版）』『人生は「引き算」で輝く』『僕を支えた母の言葉』（サンマーク出版）、『幸せ成功力を日増しに高めるEQノート』（日本実業出版社）などがある。

現在、facebookやメールマガジンを通して、「幸せな生き方」や「人間学」「自己実現」に関するメッセージや情報を発信中。

★野口嘉則 公式Facebookページ
https://www.facebook.com/noguchi.yoshi
★野口嘉則 メールマガジン
http://www.mag2.com/m/0000177504.html

「これでいい」と心から思える生き方

2013年11月5日 初版発行
2021年10月20日 第5刷発行

著　者　野口嘉則
発行人　植木宣隆
発行所　株式会社 サンマーク出版
〒169-0075
東京都新宿区高田馬場2-16-11
（電話）03-5272-3166
印　刷　共同印刷株式会社
製　本　株式会社若林製本工場

ISBN978-4-7631-3347-2 C0030
ホームページ https://www.sunmark.co.jp

野口嘉則のベスト&ロングセラー

僕を支えた母の言葉

定価=本体1000円+税

動画サイトYouTubeで320万人が涙した感動の物語を書籍化。誰もが心の奥に秘めている母親への思いと言葉。著者自らが選んだ21枚の写真で構成するフォトブック。

人生は「引き算」で輝く

定価=本体1000円+税

主人公はひとりの老人。この本を手にした、あなたに語りかけてきます。彼の人生に起きた出来事……若いときの性格、社会人になってからの仕事……歳を重ねる中で得たものと失ったものとは？　そして、老人が長い人生で手にしていった究極の学びとは何なのか？　人生に光を見いだす希望の物語。

［文庫］
3つの真実

定価=本体600円+税

"ミスター目標達成"を襲ったアクシデント！「成功法則にも賞味期限があるのか？」「本当の幸せって何なんだ!?」。全国の読者を魅了したフィクション、待望の文庫化。人生を変える"愛と幸せと豊かさの秘密"が明かされる。